因為善良所以綻放光芒

在濁世惡苦的世界裡，
破繭而出的40個處世智慧

暢銷書作家
林有田博士——著

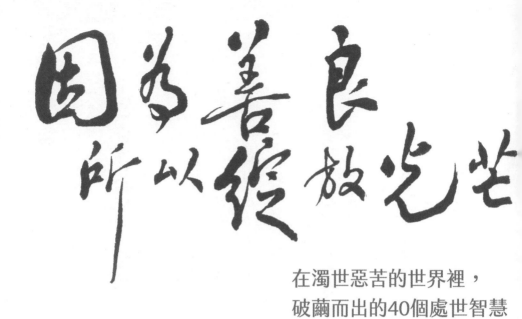

【自序】

這個世界我喜歡，讓我們善良的活著四射光芒，照亮世間！

這是什麼樣的世代？是善良的世代，也是濁惡的世代；這是最好的時代，也是最壞的時代；是智慧的時代，也是愚蠢的時代：是百花綻放充滿希望的春季，也是陰氣暗冥令人絕望的冬季；我們的前途擁有一切，我們的前途一無所有；我們正走向天堂，我們也走向地獄！不管你我的看法如何，老爺鐘的鐘擺從沒有停下它的腳步，一個世代過去，另一個世代又來，從不會因人的質疑有所減緩或加速。

身處這個濁惡奸詐的世界和善惡不明的時代，你怎麼定義自己，世界就怎麼對待你。做個心地善良的人，世界就給你一個善良富足的人生。

根據我的理解，古今中外的人生勝利組，大都有一顆「善良」的心，他們成就的真正來源和「善良」的心有關。現在的人忽略了它，認為只要努力了就會有結果，只要有知識就會有收穫，但真正的成就卻是擁有善良本性的人所自然得到的。

我一直深信：這個世界是靠著善良和善行運轉的！我認為，活在這個時代，我們的天職是讓這個世界順利運轉，堅持善良，捍衛善行，讓人人富足，天下太平康泰，世界大同。

要如何做到？我認為方法不難，就是你要讓別人看見你的「善良」，立身行善！首先你必須要培養「善良」的性格，用自己的光芒照亮自己，照耀世界和未來。「善良」是一種選擇，不要習慣了容忍和退讓，結果慣縱他人，為難了自己，濁惡了世界，那是嚴重違反自然、天道和不清淨的，非常無知愚笨的。

「善良」既是濁世中稀有的珍珠，善良的人幾乎是偉大的人。我認為現在是個「善良世代」，「善良光芒化」已經成為社會生活各個層面的基本要素。身處在「善良世代」當中，無論你的腳色是什麼，「善良光芒化」已經不可能置身事外了。

做人「善良」和常常「綻放光芒」才是這一生最光榮的成績單。為此，我收錄40個如何在濁世惡苦的宇宙中，做人「善良」和綻放光芒，修身濟世建功勳的智慧。我要跟大家一起學習如何遠離染垢身心的紛擾，離苦得樂，從清靜中挖掘內心深處的「善良」本性，利用行善的力量，破繭而出，浴火鳳凰，大放光芒。

我或許舉實例解說，或當頭棒喝，或苦口婆心、分析引導，讓我們一起看穿生命的無常和苦境，重拾「善良」本性，熬過難關，找到適切的出口，綻放光芒，照耀世間。

同時，我們也應該堅強的將身上的野蠻性格「斷捨離」，做人處世可以自信，也懂得跟「悲觀自卑」說再見，不必留太多退路給自己，深信憑著善良本性全力以赴，就可以好好的打造出光芒萬丈的輝煌未來世界。

當然，沒有人應該為了成全別人的欲望而委曲求全，我們要用力擺脫令我們無法呼吸的「情緒勒索」，也許聽起來很冰冷，但它會幫我們和周遭的人好好相處，再次發揚善良本性，綻放光芒，與人為善。

「善良」的性格還有一個好處，就是使人的靈魂變得高尚了，並且可以做出更多更美好的善行為。

最後提醒大家，越是善良的人，越相信自己是美麗莊嚴的菩薩，一直散發出正能量，完善自己，唯有持續散發光芒的人，才能兼顧人情與智慧，照亮世界助己又利眾，這樣我們才能真正活的有味道精彩又自在！

目次

第三章　我很善良，也要雕塑更多正能量的性格

第四章　唯有將野蠻性格斷捨離，才能好好的大放光芒！

第一章　善良如我，但我很懂得嚴拒這些情緒勒索

善良的人很容易受騙被欺負，甚至被霸凌，
要保護自己，就必須懂得倔強地拒絕情緒勒索！

第一課　用力擺脫讓我們無法呼吸的「情緒勒索」，才能重新掌握人生，再次綻放光芒！

我們的情緒非常脆弱，脆弱到被別人所左右，尤其是對於最在乎的人，當雙方在情感上不平衡，或是對方只想照自己的意願行事，卻直接忽略你的感受，這時就很容易出現「情緒勒索」。

特別在熱戀時，對方常常把自己的言語包裝成良好的意圖，讓被勒索者為了博取在乎之人的愛，而違背自己的意願，呈現出對方想要的樣子，自己卻陷入了低潮的情緒中無法掙脫。

在男女感情世界中，因為愛的關係，我有不想做但還是勉強做的痛苦經驗！我也曾經被情緒勒索過，現在我要開始嚴正拒絕它。

年輕時，我經常被一個畫家女朋友壓榨，我卻因為害怕不敢吭聲，乖乖聽話照做，也就是說我「情緒經常被勒索」。她常常說：「你再不帶朋友來看我的畫展，我們就分手！」我為了維繫與女朋友的關係，為了不想讓自己被貶低，為了降低焦慮，我會重複被迫去騙朋友來看畫展，或做一些自己不想做的事情。

女朋友只要一句話，就能夠左右我的情緒。我一直沒辦法拒絕女朋友，因為我重視這段關係大於自己，因為我把焦點放在女朋友的需要和情緒上面，而忽略了自己的情緒。有些時候我不夠勇敢，並不是因為不愛自己，而是女朋友所說的一些話勾住了我。

了解情緒勒索有六步驟

最痛苦的是我女朋友往往知道我的弱點，並且在這個很痛的地方一直踩我。後來我發現情緒勒索有六個重要的步驟和特徵：

1.我女朋友（勒索者）先提出「要求」（demand）；

2我是被勒索者，會開始「抵抗」（resistance）；

3.女朋友（勒索者）讓我感到「壓力」（pressure）；

4.如果我沒有接受或者是反駁，女朋友（勒索者）就會持續「威脅」（threat），例如關係的破裂或分手等，讓我不得不就範；

5.我「順從」（compliance）了，於是看起來雙方的焦慮好像暫時得到解決了，但其實是我「被摸頭了」；

6.我女朋友（勒索者）食髓知味，於是下一次又「舊事重演」（repetition）。

總之，我女朋友（勒索者）持續用下面三種方式來達到她的目的：

1. 貶低我的自我價值感。他利用：「我以為你是很聰明的人……」說服伎倆，施放後，讓我產生自我懷疑，擔憂被淘汰、覺得自己不好等情緒效果持續數分鐘到數天不等，這樣的攻擊效果隨「兩人關係」深度而增加。
2. 增加我的罪惡感，「反正你從來沒有好好愛過」的說服技巧，讓我覺得有罪惡感，甚至挑戰我的安全感。她還說：「沒關係，我也可以去找別的男生幫忙啊……」讓我擔憂會被遺棄或分手，產生「害怕關係瓦解」的情緒。
3. 當她的目的沒有辦法達成的時候，就會用一些恐嚇性的語言來威脅我，讓我不知不覺的乖乖就範，她就是喜歡用一些脅迫的方式，想要綁住我們兩個人。

持續讓步，換到的只是暫時的焦慮解除

而我因為害怕而持續讓步，換到的只是暫時的焦慮解除，與往後更多的害怕，但這並不是愛。經過心理治療師的診斷和心理治療後，我終於明白：兩個人的關係，本來就不應該只有一個人的聲音。心理治療師教我如何應付情緒勒索的技巧，應用之後果然有效！

心理治療師這樣說：「首先，當女朋友勒索你的時候，冷靜的停下來，不要回話，看看發生了什麼事。」當女朋友要我找人去畫展捧場的時候，你可以問自己一個問題：「現在她在幹嘛？我真的有可能找到朋友去捧場嗎？如果我匆忙的找到人去捧場，她會說什麼樣的話？」

我也可以冷靜兩分鐘，不要太快做出回應，看看是什麼樣的「劇本」，正在操控這段互動。

另一個簡單的技巧是「跳針」，當女朋友持續用一些話來戳我的時候，我只要回覆：「好的，我想一想！」不管她怎麼說，我都是講這句話，把它想像成一種防護罩。

其次，可以問自己，她「每次」都這樣，我的感覺是什麼？我真的值得被這樣對待嗎？她說這些話的時候，是不是把她的焦慮和情緒「丟」到我身上？

這時可以先看看自己的感受是什麼，並安撫自己的焦慮和罪惡感，有些時候甚至可以離開現場，漸漸就可以建立起兩個人之間的情緒界線。

☑ 結語：有的人還是有腦的，在冷靜的時候，可以跟對方好好說。

最後，等女朋友情緒比較和緩的時候，你可以回到現場，然後做出比較恰當的因應。

畢竟有的人還是滿有腦的，在冷靜的時候，可以跟她好好說。但如果她並不是那個可以好好討論的人，或者是她已經吃死你吃很久了，那麼你只要持續做到前面兩個步驟就可以了。

為什麼呢？情緒勒索既然是一個迴圈，當你這邊被切斷，她無法再勒索你的時候，你每次只要停下來，她就會受到挫折，而你繼續堅持，她就「不得不」改變和你相處的方式。

請你跟我這樣做

1. 對方勒索你的時候，冷靜一下，不要回話，看看發生了什麼事。
2. 運用跳針話術，當對方持續的用一些話來戳你的時候，只要回覆：「好的，我想一想。」這句話，把它想像成一種防護罩。

第二課　別讓情緒勒索者得逞

聽到美化的謊言，我不會表現軟弱而一直對勒索者讓步！

同事說：「叫你幫我做這麼一點點事而已，你也要推託拒絕，我真是看錯你了，我還以為你是個有愛心會幫忙的人……」但誰規定同事就一定要當救火隊？

王齡達小姐在職場中工作五年，長得很甜，總是把甜到爆的微笑掛在臉上，人緣特別很好，只是日子過得不很舒服，因為她是公認的「爛好人」，每天都有做不完的分外工作！

她為了不得罪同事，不好意思拒絕同事的要求，常常攬下許多不是她分內的工作。只是不管怎麼努力，幫忙對方作事，卻總發現自己永遠達不到對方期望，越做越疲倦，自己的績效差到經常被老闆叫去檢討，聽完老闆的話之後，她的自我價值感也越來越低落。

她來找我諮詢，我跟她說：「你已經陷入『情緒勒索』（Emotional Blackmail）的互動循環，該要了解『情緒勒索』的真面目了！」

「情緒勒索」是這一、兩年最常被談論的關鍵字，「情緒勒索」的情形，一直在我們生活中不斷重演！

情緒勒索者最常用的語句如下：

「你這麼小器，這麼小的事也不幫忙，還是朋友嗎？」

「你再跟她連絡的話，我就跟你分手！」

「你不准跟她結婚，你要是跟她結婚，我們就斷絕父子關係！」

「你踏出這個門就再也不要回來了。」

「我這樣愛你，你怎麼可以這樣說走就走……」

產生「不上道、沒義氣、不夠好」等心結

「情緒勒索者」有意無意使用威脅、冷戰、潑冷水或冷嘲熱諷等語言或非語言的方式，造成被勒索者恐懼、憤怒、憂鬱、不安、焦慮等情緒，並讓被勒索者產生「不上道、沒義氣、不忠、不孝、不乖、不夠好」等心結，然後藉機來控制他們的心情和行為，滿足勒索者感覺自己很重要、感覺被愛和被尊重的心理需求，達到想要把人留在身邊，或按照自己的計畫走的目標。

而被勒索者（被控制者）長期順服的結果，犧牲自己的權利，過著不快樂的生活，如同雙方關係中的「霸凌」。

這種情緒勒索的手段來得非常隱晦，讓人不以為意。而且最重要的是，它一直深深植根於華人文化當中而不自覺。

一般來說，情緒勒索的手段變化多端，他們會隱晦的將責任、道德和各種條件包裝成「交換條件」，混為一談，迫使對方順從情緒勒索者的個人意願。這些條件性對話會勾起被勒索者的負面情緒，然後任由勒索者開始進行威逼利誘。

美國心理學家蘇珊・佛沃（Susan Forward）在著作《情緒勒索》（Emotional Blackmail）中指出：「在任何形式的關係之中，只要有任何一方為求達成個人目的，利用別人的恐懼、雙方關係、義務和內疚感等心理反應來控制別人或獲得認同，便是一位不折不扣的情緒勒索者，而關鍵是**情緒勒索者勒索的對象，往往是身邊最熟識而親密的人**。」

情緒勒索的手段極多，但萬變不離其宗，他們喜歡引用如下的條件性對話，勾起被勒索者的負面情緒，威逼利誘。

「我只是為你好，你不如……」

「如果你是……，你就要……」

「要是你不去……，我就會……」

以上說話看起來很平凡，但統統都是情緒勒索者最慣用的語句。他們會隱晦的將責任、道德和各種條件包裝成交換條件，混為一談，迫使他人順從情緒勒索者的個人企圖。

別再聽美化的謊言，一起揭穿情緒勒索的面目

不過你當下明白其中緣由，從現在開始，別再聽美化條件性的謊言了，我教你學會如何應對的技巧，你可以輕鬆自主自己的情緒，一起揭穿情緒勒索的面目！

情緒勒索的情況，就像八點檔連續劇一樣，你楚楚可憐的同事，他們最愛說的一句話就是：「如果你是我的好同事，你就一定要幫我這個忙。」逼出你的同情心，迫使你不好意思說出不幫忙的話，最後委曲求全，接下他的工作和事情，上演一場完整的情緒勒索戲碼。

如果你是一個總以為自己很會同情和理解別人需要的「爛好人」，喜歡把所有責任攬上身，甚至喜歡討好所有人，但卻時常忽略切身的狀況和需要。這樣就很容易成為「情緒勒索」的受害者！因為情緒勒索者非常懂得掌握「爛好人」的同情心和憐憫心，加以利用，「情緒勒索」者會展現出一副無能、鬱悶和楚楚可憐的形象，博取你的同情。由此推論下去，「爛好人」很容易上

當，隨之伸出援手，無條件去幫助情緒勒索者解決任何問題，但變相被人利用。

結語：別再聽美化的謊言了，一起看穿「情緒勒索」

情緒勒索好比蔦蘿花，它們捲曲的綠鬚不斷圍繞、蔓延在我們的生活當中，如果一直對勒索者讓步，我們將付出十分可怕的代價，最終危害到我們最重視的親密關係及自尊。

下回當別人要求你幫忙時，別再「白目」了，你可以藉故離開一下，到洗手間用冷水洗一下臉，冷靜一下，先思考一下，對方說要求幫忙話的動機是什麼，他為什麼要那樣說？

然後問問自己：「幫忙究竟為的是什麼？是為誰的利益而幫忙？和自己切身關係嗎？」等問題，我想做什麼？怎麼做會「你好我也好」？使我動彈不得的恐懼來自什麼？如果事情如他所說，會有什麼樣的結果？是否有其他方法可以解決？識別情緒勒索者的隱藏動機，做個有理智的人，就容易脫離情緒勒索的圈套了。

只要個人意志堅定，就能避受「語言偽術」的左右，打破情緒勒索的困局。

請你跟我這樣做

1. 勇敢說不，做一位有「底線」、懂得拒絕的人，自然不會成為爛好人，並得到別人更多的尊重！
2. 在你周圍的人，如果會讓你感到痛苦感到不安，這時你必須淡出這個交友圈，不需要怕得罪誰，讓自己舒適與快樂的友情才是最重要的！

第三課　委屈難以求全！好好運用「停、看、應」步驟，來和勒索者應對，不再被他人情緒勒索

你沒有責任處處滿足別人

白小姐25歲結婚，到了35歲還不能成功懷孕，這種壓力、挫折與沮喪，外人很難理解，因為她每天都睡不著，長期要吃抗憂鬱的藥和抗焦慮藥物才能入眠。

她最大的壓力主要來自於老公，其次是父母和朋友，只要和朋友聊到懷孕相關話題便痛哭流涕，還曾自殺三次未遂。

由於白小姐一直想當好人，過度在乎父母、老公的感受，過度相信「不孝有三，無後為大」的祖宗教條，很快就變成被情緒勒索者！

她的老公是一位標準的情緒勒索者，他首先採取攻擊汙衊手段，用語言貶低白小姐的自我價值感，老公這樣說：「我看你屁股很大，原以為你一定很會生孩子的人，但是……」老公還經常

這樣說：「你表裡不一，很會假啊！」白小姐很快就產生自我懷疑感，擔憂老公要求離婚、覺得自己不好等情緒持續一段很長的日子，這樣的攻擊效果隨著「兩人關係」深度而增加。

而且老公不時增加白小姐的罪惡感：「反正你從來沒有重視過我要孩子的需求。」老公說了不下五次，白小姐馬上罪惡感油然而生，接受了老公的請求天天做愛，弄得身心俱疲。

接著，老公挑戰白小姐的安全感，說：「沒關係，我也可以去找別的女人……」白小姐擔憂會被遺棄或不愛，產生「害怕關係瓦解」的情緒。由於白小姐有「低自尊」或「患得患失」的增強器，就造成了加倍的傷害。

當老公的目的沒有辦法達成的時候，他就會用一些語言來威脅白小姐，讓白小姐不知不覺的乖乖就範。

萬一你也遇到類似的情緒勒索時，你應該知道一件事實：**兩個人的關係，本來就不應該只有「一個人說了算」這樣的配合方式**。如果你一直以來都讓不孕症、愛情、親情或工作等人際關係綁架你的人生，或許你該思考的並不是為什麼自己總是遇到這樣的人，而是要想一想你心中有什麼樣的恐懼，讓自己變成一個有委屈卻不敢說出來的人？

採取「停、看、應」三個步驟來解套

面對情緒勒索的狀況，建立好情緒界線，才能夠逃離情緒勒索的深淵，大家可以運用「停、看、應」三步驟應對。

掌握好建立情緒界線的三步驟，好好感受自己的情緒，唯有了解傷口有多痛，才知道自己不應該被這樣對待，才會有勇氣保護自己，讓自己不再隨便委屈，容許他人這樣對待。

1.停——先冷卻一下，不要太快回應

當對方勒索你的時候，先停下來，看看發生了什麼事。以前面的例子來說，當對方攻擊你，你可以問自己一個問題：「現在他在幹嘛？我屁股很大，真的就會生孩子嗎？」這時候你可以給自己一段時間，不要太快做出回應，看看是什麼樣的「劇本」，正在操控這段互動。

一個很好用的技巧是「跳針」，當對方持續用一些話來攻擊你的時候，你只要回覆：「好的，我想一想！」不管他怎麼說，你都是講這句話，把它想像成一種防護罩。

2.看——先看看自己的感受是什麼

通常勒索往往都是不在乎自己感受的人，你可以先看看自己的感受是什麼，並且安撫自己的焦慮和罪惡感，有些時候甚至可以掉頭離開，漸漸就可以建立起兩個人之間的情緒界線。

在上面的例子當中，你可以問自己：「他『每次』都這樣，你的感覺是什麼？你真的值得被這樣對待嗎？他說這些話的時候，是不是把他的焦慮和情緒「丟」到你身上？

3.應——做出比較恰當的因應

當對方情緒比較和緩的時候，你可以回到現場，然後做出比較恰當的因應。有的人還滿聰明的，在冷靜的時候你可以跟他好好說，但如果他並不是那個可以好好討論的人，或者是他已經把你吃死死一段很長的時間了，那麼你只要持續做到前面兩個步驟就可以了。

為什麼呢？還記得前面的解說嗎？既然是一個迴圈，當你這邊被切斷、他無法再勒索你的時候，你每次停下來，他就會受到一定程度的挫折，而你繼續堅持下去，他就「不得不」改變和你相處的方式，這時情況就逆轉了！

掌握好建立情緒界線的三步驟，好好感受自己的情緒，唯有知道傷口有多痛，才知道自己是不應該被這樣對待的，才會有足夠的勇氣保護自己，讓自己不再隨便委屈，容許他人這樣對待。

結語：及早發現和治療

基本上，對於不孕症患者來說，家人，特別是先生的支持格外重要。因為在婚姻關係中，不孕症並非只是女性的問題，夫妻兩人要攜手同心一起面對、解決問題，才能減輕女性壓力。

同時，不孕症醫療院所如果能提供友善環境，盡量減少藥物用量，盡量將肌肉注射藥物改成皮下注射，從細節著手，也能幫助減輕不孕症患者壓力，舒緩焦慮心情。

由於年齡對於懷孕、治療成功的機率有非常重大影響，想要有小孩的夫妻如果是35歲以下，有穩定性生活卻一年以上未懷孕，就要考慮接受進一步檢查；如果35歲以上，有穩定性生活半年以上未懷孕，就得及早積極接受治療。

請你跟我這樣做

1. 情緒勒索者在提出要求時，先「喊停」，不拒絕也不答應，給自己考的時間，最好的方式就是「離開現場」。
2. 學習做出理智的選擇，判斷基本法則是「我想不想要」，而不是「我害不害怕」。

第四課　提高「自我價值感」，就可以避免被情緒勒索而發生人生悲劇

如果自我價值感低落，很容易陷入情緒勒索的困境中。要設法閃躲「權威」者（可能是你的父母、婆婆、丈人、主管、某行業的專業人士）有意識或無意識使用情緒勒索的方式，來貶低你的尊嚴、能力，讓你有罪惡感。

圓圓從小就生長在單親家庭，她與母親陳母相依為命，她非常清純、乖巧、聽話、孝順，大學畢業後認識了一個貧窮沒固定工作的年輕人炳炳，兩人情投意合，論及婚嫁。

因為炳炳家道中落，陳母反對女兒跟炳炳在一起，她認為跟炳炳在一起「沒錢途」，叫圓圓趕緊跟炳炳分手，使用的手段包含生氣、恐嚇，以及一哭、二鬧、三上吊。

「你情我願」是情緒勒索的重要元素

圓圓痛苦萬分，順從了陳母的命令，因為她唯一僅存的家人只剩下母親，她害怕母親離她遠去，所以任憑炳炳努力勸說，都無法挽留。陳母認為要分就分得乾乾淨淨才對，心一狠就帶著圓

圓搬到高雄鄉下居住，與炳炳完全斷絕連絡。

圓圓雖然聽從了母親的話，但是沒過多久就精神崩潰了。她與媽媽經常大吵大鬧，一個月後，圓圓開始故意學壞——她抽煙、喝酒、飆車、刺青、打架、幫人討債、圍事，加入黑社會，並成為大姐頭。她跟很多不同的男人上床，不計其數，並因此染上了性病。

半年後，炳炳好不容易找到了圓圓。

他傷心欲絕的問圓圓為何如此墮落？圓圓說：「因為我真的好想你。」

陳母使用了「情緒勒索」的手段，逼迫女兒就範，然而陳母並沒有達到她自己當初想要達到的目的，換來的卻是悲慘的結局！

陳母所做的，就是所謂的「我是為你好」，這就是一種「情緒勒索」。客觀上，炳炳當時的條件確實是沒有前途，所以旁人並不會支持圓圓去反抗陳母。

「情緒勒索」來自「責任」與「你應該」的束敷

「情緒勒索」的行為，不斷在我們的生命中出現。

「你要和男朋友出國度假？那今年年夜飯怎麼辦？」

「儘管去外頭應酬吧！反正我已經習慣被你當老媽子用了。」

「你能不能多陪我出國走走？你可不能老闆要你出差就出差啊！」

類似的情緒勒索行為，不斷在我們的生命裡出現，你想善待自己、提升自己，做自己命運的主人，但是他人的言語卻讓你充滿罪惡感，你逼自己滿足別人的要求，可是他們對你的犧牲卻無動於衷。

你為何會被「情緒勒索」，主要就是所謂的「責任」與「你應該」拘束你，讓你動彈不得。勒索者會藉由貶低你，或是引發罪惡感，剝奪安全感，使你陷入情緒勒索中。他們自私自利，通常只想到自己，而且藉由勒索感受到自己的存在！

「情緒勒索」最常發生在父母、子女、婆媳、情人、夫妻或上下關係之間。這種事情只會發生在有關係的人們身上，因為在乎。如果你不在乎他，你就不會被勒索。就好像你看到路上在發新建案傳單的人，你會去理他嗎？不會，因為你跟他「沒關係」。

設法提高「自我價值感」

只要懂得提升「自我價值感」，就可以避免被情緒勒索。所謂「自我價值感」，指的是自我肯定，如果你認為要聽話才是好孩子，或是不想當壞人不能犯錯，和相信權威等自我懷疑，不相信自己的判斷，就很容易造成對自我肯定的低落！

你可以用自己的長處幫自己取綽號，如果不喜歡自己的名字，也可以取一個有特殊意義的新名字，可以把自己看作是受人喜愛、被別人需要、可接受的、能幹的和有價值的。

你也可以透過每天寫日記，記下對每一個事件的反應、感情、行為等，你對自己了解越多，自我概念就會越寬廣。記錄自己的榮耀，每天記錄肯定自我、自豪或得意的事，將成功經驗不斷存入記憶中。還有你也可以寫自傳，可藉日記每天累積記下生活經歷，分段成就自己的自傳。

適時向他人分享自己的成功經驗也是個好點子，因為持續不變的注意生活中優質的部分，可以提升生活的熱情、保存成功的優越感、提升自我的價值感，就會有新力量。

最後，將偶像標竿人物放入「成功寶典」中，了解我們敬佩人物的長處、努力，及自己對他的感覺，常常拿出來溫習、景仰。

最重要的，還是要建立自己的正向思維，你一定要用21天的實踐和重複練習來建立正向思維，你可以這樣做：揚起下巴、微笑並充滿信心、有力的重複這句話：「不管你對我說什麼或做什麼，我仍然是一個有價值的人。」

結語：如何避免成為情緒勒索者

我們要擺脫情緒勒索，方法很容易！首先，我們要先明白「情緒勒索」對我們的影響，建立情緒界限，並且堅守這個界限。

其次要好好感受自己的情緒，並建立一個重要的觀念：自己的人生不需要為別人負責，他人的情緒問題並不是你的問題。

最後一步就是當別人準備情緒勒索時，就停止對話，冷靜離開這個現場，再訂出自己的界限以及應對方式。

請你跟我這樣做

1. 當你感覺到自我價值感低落，深深被這感受啃噬，就要勇敢表達，懂得拒絕，懂得為自己的權益發聲。你就會感覺到自己更有力量、更有勇氣，而更感覺到自己的重要性。

2. 為自己的權益發聲，對方聽到你的表達與拒絕，學會了解你，也學會用你想要的方法尊重你，與你互動。

第五課　拒絕當個爛好人，用「理」來回絕對方的故意拖延，收帳要公事公辦

債務人利用「人情捧場」和「大吐苦水」手法拖延還錢，你就要以牙還牙，馬上跟著「大吐苦水」，並對債務人死穴（對方生活中的不良嗜好和可以利用的弱點）出擊。

從事醫美產品行銷的美女娟娟，多年以來靠著良好的服務、勤快和好人緣，一切生意順風順水，好不得意。

近兩年來，因為大環境景氣大不如從前，有一家配合一段時間的客戶不再如期付款，經常無故拖欠貨款，讓她無法對公司交差。

最近去收款時，配合進貨的李老闆跟娟娟訴苦說：「我一直捧你的場，給你做業績，你怎麼可以這樣逼我付清貨款！」

意思是，你怎麼可以不知恩圖報，我過去為你做的一切，都是為了有這一天、這一刻。最近手頭周轉不順利，我要你的回報，就是稍微鬆鬆手幫幫忙，聽清楚了嗎？

常常人家說什麼都好、心又軟的爛好人娟娟聽了之後，不知如何應對才好。

還在當爛好人，學不會拒絕？這樣「回絕」超有禮！

我從前做行銷工作時，也遇到相同的情況。當時初生之犢，我根本不怕對方的情緒勒索，因為每當有人開始要對我情緒勒索時，要求我寬容晚一點還款時，我便用「理」來回絕對方。並不是我「無情」，而是「就事論事」，結果我成為一位罕見的收款專家，收款效率第一名。

有些人認為，向客戶追討應收帳款，是求別人辦事，因而在與對方的交涉過程中，沒有絲毫的底氣，結果讓客戶覺得「好欺負」，趁機進行情緒勒索，從而故意刁難或拒絕付款。所以，我認為，在收款過程中，擺正「姿態」是非常重要的。

用「理」來回絕對方，並不是「無情」，而是「就事論事」

我的方法是這樣的：

一、**理直氣壯、義正詞嚴的表達**

我上門收款時，廢話不說，開門見山直接向客戶說明來意。你可以理直氣壯、義正詞嚴告訴他：「今天，我是按合約規定特地登門收款的。」讓對方明白，這次不是求他購買我們的產品，而是他該付你一筆貨款，而且這筆款項今天非結清不可，表達時要做到「不卑不亢」、「柔中帶剛」的說明。

二、將你的難處讓對方理解

在傾聽和理解客戶難處的同時，讓對方也理解自己的難處。有時客戶會說：「你看，我公司生意現在這麼差，資金周轉確實困難，能不能緩幾天再結清？」你在面對這種「藉口」表示「理解」的同時，也馬上趁機向他訴說自己的為難之處。

你可以這樣說：「約定的結款時間是今天，如果今天不還款，老闆會說我辦事不力，我會被炒魷魚。」或說：「公司已經三個月沒給我薪資了，日子很難過啊！自己能不能拿到薪水獎金，全靠這次能不能收到錢了。」

記住！在訴說時，要做到「神情嚴肅，力爭到底，動之以情」。

三、做到有禮有節

在表明「非結不可」的堅決態度同時，務必做到有禮有節。在填單、簽字、銷帳、登記、領款等每一個結款的細節上，都要向其具體的經辦人真誠的表示謝意，以免其下一次利用情緒勒索刁難。

結語：反覆催討就有效果

債務人總是有「能拖就拖」的心理，因此，當對方進行情緒勒索拖延付款時，絕對不能心軟，一定要多開幾次口，反覆催討。記住！反覆再反覆的多說幾次。

利用情緒勒索「大吐苦水」，是債務人拖延付款最常使用的方法。

碰到這種情形，絕對不要輸給他，馬上跟著「大吐苦水」，並對債務人死穴（對方生活中的不良嗜好和可以利用的弱點）出擊，從另一個角度迫使債務人聽話就範，一定要「魔高一尺，道高一丈」，才能把款項順利收回。

請你跟我這樣做

1. 每當有人開始要對你情緒勒索，要求寬容晚一點還債時，就要用「理」來回絕對方，這不是「無情」，而是「就事論事」。
2. 在表明「馬上結清」的堅決態度同時，務必同時做到有禮有節。

第六課　女人啊！不要害怕失去愛與肯定，才能理智處理正在走鋼索的婆媳關係

婚姻關係中有許多無法解的習題，而「婆媳問題」便是其中一個。夫妻兩人和婆婆之間的三角關係，總容易讓婚姻變的荒腔走板，但其實只要三方試著互相理解與體諒，讓生活變得簡單其實很簡單。關於婆媳問題，懂得諒解，也要學會和解。

年紀30歲的娟娟和38歲的明明兩人戀愛結婚後，住在婆家，初期雙方生活甜蜜蜜。

明明是個九職等公務員，收入普通，因此娟娟要出外當講師賺錢，才能應付家庭的開銷。娟娟找保母帶孩子，古板的婆婆看在眼裡很不舒服，常常斜眼看娟娟做事，並在旁邊唉聲嘆氣，一有機會就會唸娟娟，並跟娟娟說：「你把孩子給保母帶，不自己帶，你非常自私，這樣你會毀了孩子的一生。」這樣我們習以為常、不以為意的對話，其實就是「情緒勒索」，婆婆緩緩掐住的娟娟的脖子，讓她無法呼吸。

婆媳關係容易破裂

「情緒勒索」是一種操控，只會讓彼此的關迅速崩壞。當娟娟一再屈服與退讓，那是因為懼怕，而不是因為親密、信任與愛，婆媳關係很快就會破裂。

因為當娟娟不順從婆婆的意，婆婆就開始自憐，或責怪、貶低娟娟的位置和價值，在她身上貼標籤，甚至威脅她，很可能娟娟就會心懷歉疚，也開始自我懷疑，自己是否很糟、不成熟……娟娟馬上就深陷在這些情緒裡動彈不得。

對一個孝順、乖巧、體貼他人的媳婦來說，情緒勒索的餌，毋須一句話，有時只要單單一個眼神、一聲嘆息，娟娟馬上就「上鉤」。因為，娟娟在乎這段婆媳關係，重視關係中的對方。這樣的在乎，通常是害怕失去愛與肯定，但無論原因為何，這份愛與關係，都不應被任何人濫用或消耗，而是被珍視。

「情緒勒索」經常發生在婆媳之間，在華人社會裡更是屢見不爽，且更糾葛，因為我們有根深柢固的孝順文化與對權威的尊崇，以及長輩總是要求晚輩「好還要更好」，而後者，更容易讓人自我價值感低落。

開始打破迴圈，這個圈圈就會瓦解

你必須知道「情緒勒索」是一個迴圈，只要從你願意去打破，這個圈圈就會瓦解。

方法如下：

一、**設法離開現場**

下回當婆婆再唸的時候，娟娟要做五次深呼吸，設法離開現場。這時候婆婆一定會用更難聽的話來戳娟娟，不要怕，離開就對了。為何要這樣做？你想一想，如果你在現場繼續挨罵，這會是你想要的嗎？不如先按暫停，想辦法和老公建立同盟。

二、**老婆和老公結盟**

千萬不要覺得老公超級窩囊，為什麼婆婆講幾句話，他就不敢吭聲？或許這是他和媽媽長期以來的相處模式，習慣自己委屈，而你嫁進這個家裡，他當然希望你要跟他同甘共苦。總之，當他在「割地賠款」的時候，你也會喪失一些屬於你的權利。

只要你明白這點，就可以知道夾在中間的他也是辛苦的。所以可以先透過同理他的感覺，「我想你夾在當中，一定很為難吧！」進而慢慢拉攏他的心，跟他同心同盟。

當然，婆媳的問題其實非常複雜，而且每一個人的狀況又不一樣。只要發現婆婆做了你覺得尊重你的事情時，記得給她一個大大的真誠的讚美，或許慢慢改變雙方的互動方式，對代溝有一定的幫助。

結語：堅持非常非常非常重要！

最後要跟你說的重點是：你有沒有辦法「堅持」是成功的關鍵。當你在做一些和以往不一樣的事情時（例如馬上離開現場），對方發現以前的招數沒有用了，可能會「加重劑量」、「惱羞成怒」，不過這個時候你仍然要告訴自己，這個是他的情緒，不是你的責任。當你「堅持」的改變，一開始對方會不習慣，不過一段時間之後，對方也會開始改變——因為以前的招數，他確定了完全不管用。

只是如果你只做了一下下又縮頭回去，對方就會知道你是裝腔作勢，於是兩個人又掉回去以前的模式。

所以「堅持」非常非常非常重要！

冰凍三尺非一日之寒，當你長期被一段關係綁架，要改變談何容易？不過陽光總是躲在烏雲的背面，凡事不要太悲觀，改變本來就是會進進退退，而且是一個漫長的歷程。如果你覺得不回應對方的壓力也很大，沒關係，你可以先從延遲五分鐘再回應開始。如果拖延五分鐘對你來說也很痛苦，那麼試試看拖延一分鐘。

而這個你努力「堅持」的一分鐘，就是心裡面小小的勝利，別人看不見，但你卻是「瞎子吃湯圓」——心知肚明。

請你跟我這樣做

1. 當你堅持要改變，一開始對方會不習慣，不過一段時間之後，他也會開始改變——因為以前的招數，他確定了完全不管用了。
2. 「堅持」非常非常非常重要！如果你只做了一下下又龜縮回去，他就會知道你是裝腔作勢，於是兩個人又掉回去以前的模式。

第七課　拋開情緒勒索，不是從數落別人開始，要從觀照自己的內心開始

開始願意溫柔的對待自己，自然會開始相信：「我是夠好的！」方法是，停下內心對自己的挑剔和責備自己，告訴自己：「我已經努力做得很好了，我也能做得很好。」

不久前，我的好友王總經理告訴我，他對放學回家一直玩手遊的高三兒子說：「你都回家那麼久了，怎麼還不趕快去溫習功課準備考大學？你再這樣老爸就要生氣囉！」兒子放下電動玩具，冷冷的把頭轉向他說：「你知道你現在在情緒勒索我嗎？」

這位王總經理傷心欲絕的告訴我，聽到這句話他心裡難受到根本吃不下飯啊！王總經理平常是一個很喜歡自我檢討與自我反省的老爸，所以當兒子這麼說，他當場完全傻眼了，無法接話，連「我是為你好！」這句話都硬生生的吞了回去。

是的，這一年來社會上發生了好幾件令人心驚膽跳的弒親事件，不安情緒迅速漲到最高點。有些人開始覺醒，不想再當個善良的爛好人，還有更多人為自己的不快樂找到了出口，將矛

頭指向身旁的人，大家開始毫不留情的分析與批評別人的行為，彷彿集體被一種「受害者」的病毒給感染，同病相憐的受害者聚在一起相互取暖，轉過身獨自一人時，卻不知道自己該如何面對現況。

情緒勒索是一種「你情我願」的過程

為什麼會變成這樣呢？原因之一，在於我們誤用了「情緒勒索」這四個字，而沒有明白心理學家蘇珊創建「情緒勒索」的基本理論，也沒有好好端詳蘇珊提出這個概念的用意。

美國心理學家蘇珊一九九七年寫下《情緒勒索》這本書，「情緒勒索」的概念在於解釋「關係的拉鋸」，而非「其中某一方的行為」。

蘇珊把情緒勒索解釋為一種「交易」，說明了這是一種「你情我願」的過程，並且，出現情緒勒索元素的關係，並非就是一個失敗的關係。

比方說，一對情侶的互動中，某人只要和伴侶爭吵，就會上演女生割腕的危險行為，對方自然是痛苦不堪，被危險情人擾亂得無可自拔。既然現在大家知道了情緒勒索理論，就趕快遠離這種會勒索的人吧！

同樣的例子，你覺得老婆一天到晚在情緒勒索你，你為何不有「GUTS」一點，背著包包離家出走或出家去當和尚不就好了？或者你媽根本已經年紀很大了，說話又超級惡毒，你不會乾脆把她當空氣，不要理她就好了？

因為關係的建立過程，遠比我們所想的還要複雜，除了價值感之外，所有的烏煙瘴氣卻無法一刀兩斷的關係中，總有某些感情是令人難以放下的。

為什麼會寫《情緒勒索》這本書，蘇珊說，是為了「和另一半、父母、同事、朋友保持更密切的關係」，卻又受困於他們控制下的我們所寫的。

所以說，情緒勒索的理論不是讓你承受被勒索的痛苦有一個合理的理由，而是讓你學習用一種更舒服的方式，與人建立親密的關係。

記得我剛開始在救國團當張老師時，曾經接過一位剛滿16歲、在家庭中經常遭受老爸嚴重肢體暴力的女孩，這女孩的父母婚姻關係不好，所以她的母親將所有的心力（控制欲）都投注在她身上。當她開始進行心理輔導後幾個月，某天我接到她父親打來的電話，質問我和他女兒談了什麼，讓他女兒都不理他了？

我後來才慢慢領悟到，原來當一個人剛開始邁向覺醒時，想奮力全力掙脫這種束縛，而最好的方法就是先遠離和逃開。

時間飛逝，兩個月後，我發現這位女孩也逐漸陷入一種不快樂——那是一種突然與自己的家、自己所愛的父親「斷裂了」的不快樂感。想當然爾，最終這位女孩會再重回家庭，找到一個控制與被控制間能夠呼吸的位置。在蘇珊的《情緒勒索》中，稱這為「**有意識的讓步**」。讓步就讓步，不讓步就不讓步，「有意識的讓步」是什麼回事？

蘇珊在創建理論時，不只教你怎麼診斷情緒勒索，也清楚定義出情緒勒索背後的各種心理形象：施暴者、自虐者、悲情者、欲情故縱者，並點出這種行為會造成受勒索者的幾種感受：自責、罪惡感和恐懼感。

這種「勒索」與「被勒索」的關係是會相互轉換的。比方說，我認識一個女孩，每次和男朋友約會，遲到的女孩就歇斯底里狂打自己的頭，此時男朋友就會超級罪惡，跟著狂打自己巴掌。這種感情糾纏常出現在電視八點檔情節中，這才是情緒勒索過程中最可怕的循環。

停止這一切循環吧！

怎麼停止這一切呢？有兩大要領：

首先當然就是建立自我價值感。

其次是拿你所建立起來的自我價值感，去向勒索你的人進行「有意識的讓步」溝通。

情緒勒索專家指出，媒體成天到晚在散播情緒勒索事件，就像在釋放一種你根本就不知道是什麼的病毒一樣，光是荼毒我們，而沒有說清楚。

這點「有意識的讓步」，我認為是蘇珊發明情緒勒索病毒時，送給我們最好的疫苗，疫苗的用法是這樣的：

1. 如果這個人是你愛的人，而且他的勒索要求並不會對你造成傷害，你其實是可以答應他的（就當做表現你的慷慨吧！）。就像有時候你知道老媽只是碎碎唸，不會讓你少一塊肉，那就閉上嘴巴隨她去吧！她再唸也沒幾年了，只是你被唸完後，可能需要去血拼或紓壓。
2. 「你讓一次，對方也讓一次」原則，並且你要找到對方可以讓你的機會。比方說，一位妻子每次吵架時，就會想要逼丈夫把話說清楚，丈夫實在不堪這樣的情緒束縛，開口要求妻子給他一些冷靜的時間。最後協商出來的結果是，丈夫在妻子不高興時可以有自己冷靜的時間和空間，但不能超過十五分鐘（別管合不合理，人家夫妻高興就好了）。
3. 只對部分說「ＹＥＳ」，來交換你對勒索者的其他需求。比方說，一個每次吵架就會打老婆的先生，情緒一回復正常就跪著求老婆不要離婚，老婆最後答應不離婚，但要求先生去看身心科，並進行心理諮商。

結語：看見愛才能看見自己所需要負起的責任

最後，我們再回到那個被兒子說情緒勒索的老爸。

其實我很想告訴這個兒子，當老爸真心愛你時，即便他對你的愛，讓你感到了被束縛的控制感，但是也請你先願意看見他的愛吧！因為唯有當你看見那一份愛時，心裡才會真正長出愛自己的力量。

我們的父母從來都不是完美的人，就像我們成為父母時也常常那麼不完美，然而，只看見父母勒索的那一面，會讓我們走向偏激式的斷裂。看見愛的那一面，你才能回到自己身上，看見自己所需要負起的責任。

每一種被情緒勒索的感覺，其實都幫助我們照見了自己內在的陰影，看見自己是那麼怕被人犧牲、拋棄，那麼渴望被人喜愛。

拋開情緒勒索，不是從數落別人開始，而是從觀照自己的內心開始。

請你跟我這樣做

1. 好好感受自己的情緒，重新「建立自己的人生，不需要為別人負責」的觀念。
2. 當別人準備情緒勒索時，停止對話，馬上離開這個現場，並察覺自己的情緒，思考剛才衝突中對方的真實需求，再訂出自己的界限以及應對方式。

第八課　趕緊培養拒絕被勒索的能力，以倔強不順從的態度進行溝通

一旦發現有人向我們進行情緒勒索時，要以堅定卻溫和的態度去溝通，看我們能不能一起攜手同心把問題解決掉。

杰杰與佳容認識後，雙方相處很愉快，很快就熱戀成為男女朋友！但當杰杰沒辦法答應佳容借錢買一只一百萬的蕭邦鑽石名錶時，佳容撒嬌說：「你如果不幫我，我覺得很難過，這樣讓我很不想活！」重複幾次後，杰杰開始覺得佳容這女生好可怕，跟她在一起壓力好大，於是杰杰開始遠離她……

你是否曾經聽到類似的話？當你發現有人跟你這樣說，試圖掌控你、要脅你、不理會你的感受，或抗議只求滿足一己之需而忽略你，你可能已經面臨「情緒勒索」了！

如果你碰到「欲擒故縱型」的情緒勒索者，他們會提出一些你嚮往的東西來誘使你聽他的，就像驢子面面掛著可望不可及的「紅蘿蔔」一樣。例如：「只要你願意幫我，時機到了，我就馬上跟你結婚，永遠在一起。」

如果你碰到「自虐型」的情緒勒索者，他們會警告你，如果不照著她的要求去做，他們就會

藉由傷害自己，來達到懲罰我們的目的。例如：「你再不理我，我就絕食。」、「如果你拋棄我，我就跳河自殺。」

擁有希望獲得對方的認同的性格，很容易受到情緒勒索

如果你碰到「施暴型」的情緒勒索者，只要你不順從他們，他們就會直截了當跟你生氣，直接嗆你、語帶威脅，例如：「如果你敢不借錢給我，就永遠不要來看我。」、「如果你不幫我，我們馬上分手！」

另一方面，「消極施暴者」則是低頭生悶氣，讓你不知所措而選擇讓步。

由於杰杰具有獲得對方認同的性格，過度期望獲得對方的認同，這樣就很容易受到佳容的影響。杰杰不斷向佳容證明自己的忠誠，屈服於佳容施加的壓力以持續得到認同。

杰杰可以透過以下方法終結佳容的情緒勒索：

一、用適當的口吻來回應

當佳容藉由吼叫、威脅、責備來遂其所願時，杰杰不必反駁、解釋、道歉，或嘗試獲得佳容的認同，因為這樣的反應只會使氣氛更加緊張。

杰杰先別試著改變佳容的要求，先改變自己的口吻來回應，例如：「我很遺憾，你這麼不爽。」、「我能理解你處理事情的立場。」、「當你覺得心裡好一點時，我們再來溝通。」

二、設法化敵為友

杰杰發現情緒勒索陷入僵局時，可以藉故把佳容拉進來，一起研究問題解決的方法，進而轉移談話方向。

以下說法可以舒緩彼此緊張的關係：

「你能不能幫助我了解，為什麼你這麼不爽？」

「你能不能提供一些方法，好讓我們一起可以快速解決問題？」

☑結語：性格改進才是王道

總之，一旦發現有人向我們進行情緒勒索時，我們必須要培養拒絕情緒勒索的性格，表現出倔強不順從的態度，以堅定卻溫和的態度和對方溝通溝通。同時用不慍不火的說話語氣，避免陷入爭論中。並用誠懇的心情與對方討論，看我們能不能一起攜手同心解決這個問題。而不是在恐嚇威脅下，任人予取予求。

如果發現自己很容易被他人「情緒勒索」，可以反思和檢視自己是否具有易被宰制的性格，並加以改進，才是享受快樂人生的王道。

請你跟我這樣做

1. 打斷升級型的情緒勒索，要有無畏的勇氣，要對自己愛的人狠下心說「不」才行。
2. 不要急著妥協，強調產生問題是對方的選擇，暗示對方隨時都可以自我掙脫，但不要期待你用妥協來解決。對方開始摔東西、家暴、開始自殘的時候，也要冷靜面對，做好保護自己跟保護對方的準備。

第二章　因為善良性格，所以綻放光芒

老天爺成就一個人，始於善良，合於自信，久於堅忍，終於與時俱進。

性格決定命運！

善良的性格有自信、熱情、樂觀開朗、兵貴神速、與時俱進、激發潛力等等，助你脫離平凡，再上一層樓。

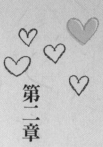

第一課　相信自己是美麗的菩薩，就能綻放光芒

許多人蹉跎一生，就是因為他們低估了自己的潛能，妄自菲薄，拉遠了自己和幸福美麗久間的距離。

讓女人美麗的東西不一定和化妝品有關，但和她本身的自信一定有關。

這是網路上瘋傳的一則寓言，還滿有啟發性的。

據說某小島的結婚習俗很特別，娶一個女孩子時，嫁妝必須是牛，越漂亮越美麗的女孩子，行情自然就水漲船高，牛嫁妝的數量就會越多。

島上有一位長老，他有兩位女兒，大女兒長得不怎麼樣，小女兒倒是長得相當標緻漂亮，外表相當具吸引力，甜美又性感，讓男人們看得目不轉睛！

漂亮甜美又性感小女兒結婚時的嫁妝是五頭牛，想到長得不怎麼樣大女兒，長老認為只要有人肯出個一頭牛娶他的大女兒，他就可以笑哈哈把大女兒給嫁了。

這一天，竟然有一個沒長眼睛的年輕人拿出十頭牛來迎娶長老的大女兒，長老不只嚇了一跳，而是嚇了兩、三跳，開開心心的答應了這樁婚事，把喜事辦得風風光光、好不熱鬧。

三年後，那已出嫁的大女兒回到島上探望父親與族人，這一現身，讓眾人不只嚇了一跳，也是嚇了兩、三跳！

原來長得不怎麼樣大女兒，怎麼變得如此不一樣，變得如此漂亮，優雅動人且聲音甜美，又有氣質？

到底發生了什麼事？

「自信」是最好的保養品！

原來，向來對自己容貌不太有「自信」的大女兒，發現竟然有人願意以「十頭牛」這樣的天價來求親，覺得自己受到了夫家相當的肯定和重視，覺得自己竟然有「十頭牛的價值」，自信就跟著來了！

一個人只要自信來了，眼神、氣色、臉龐、氣質……就不再一樣了，雖然五官、臉孔沒變，但看上去卻脫胎成一位慈悲純良的大美女。

在這個化妝品和保養品多到不可計數的世界，我喜歡這樣說：「**自信，是最好的化妝品！**」

「自信」是什麼？把它解釋是「相信自己存在的價值」，你同意嗎？

你要明白，當一個人有「自信」的時候，眼神、神韻、臉龐、談吐、乃至舉手頭足之間，都會散發出一股不一樣的風采和魅力！

保持美麗女人每天莫忘給自己一點自信

話說到此，我也發現身邊有一些女性朋友，當她們在開始「求道」、「信道」、「修道」之後，整個人似乎也都變漂亮又有氣質了！因為他們相信自己是美麗的菩薩，極致美麗可以從修行而來。

為什麼呢？我認為跟剛剛故事中的「十頭牛」狀況頗為神似，因為她們相信每一個人都是神佛菩薩，極致美麗都是神佛菩薩的大愛和渡化眾生的福報所換回來的！

這樣的大愛與付出，顯然遠遠大於「十頭牛」，當一個人處在這樣的信仰中，怎能不會相信、珍惜自己存在的價值？怎能沒有自信？怎能不容光煥發呢？

什麼是「自信」？「自信」是最好的化妝品！每一個人都是上天眼中的寶貝，願我們都能看到自己存在的價值。

缺乏「自信」競爭力歸零

在高度競爭的世界裡，缺乏「自信」的性格，就等於沒有競爭力！缺乏「自信」的人找工作時，連面試都通不了關；即使僥倖進入職場，表現也會畏畏縮縮，讓周遭的人無法信賴！

有自信性格的人，知道可以從自己的行為中創造好的成果，找到快樂和滿足的感覺。他們很少有遲疑或猶豫不決的態度，想要什麼就是什麼，不需要什麼就是不要，沒有所謂模稜兩可，更沒有狐疑踟躕。

他們看到機會時，會勇於採取行動，而且沒有想到有後顧之憂，反而是主動問自己：「有什麼可以阻止我？為什麼我不能這樣做？」害怕不應該是任何猶豫的理由，因為他們知道如果永遠不嘗試，那就永遠不會成功。

同時，他們不害怕自己犯錯，他們不怕被證明是錯的，他們樂於表達意見，聽取他人的想法，並且從各種不同的建議中吸收學習。如果犯錯了，就避免再犯相同的錯誤，努力改進就是一個最好的方式。

命運掌握在自己的手中，一切只能靠自己。如果你創業或做生意，你要明白一個道理：你的收入好壞不在於客觀環境，而在於你有沒有一定的自信。

所以，你最好在做生意之前，必須培養強烈「自信」性格——我一定能做到讓對方滿意，贏得對方的交易的心理準備。

因為每當你相信「我一定能做到」時，你自然就會想出「如何去做」的方法，幫你順利完成任務。

人生勝利組之所以成功，是因為在他與別人共處逆境時，當別人失去了「自信」，他卻不恐懼，勇往直前，不計代價去奮鬥和實現自己的目標。

為了成就偉業、夢想之外，你還需要採取行動，要行動就要有強烈的「自信」的性格，激勵自己勇敢向前行！

命運主宰者不是別人，而是你自己，只要你充分相信自己很有辦法，不斷提升升自己，早晚有一天，你一定能夠成功。

在鏡子前激勵自己

「自信」的性格常常比實力重要得多！

為什麼有些人創業或做行銷老是失敗？原因很多，其中最重要的一個原因，是他們缺乏足夠

「自信」的性格，一開始行動時，就認為自己會失敗。

了解美國有一家保險公司的業務經理，要求公司的業務人員，每天早晨上班前，先在鏡子前面用五分鐘的時間看著自己，高聲對自己說：「你是最棒的！你今天就要證明這一點！明天也是如此，一直都是如此！」

他手下的每業務人員都聽話照辦——每天上班前，都會按照他的要求照鏡子，鼓勵自己，給自己的信心加分。

每一位業務人員的家人也都受到感染，在業務人員出門工作之前，家人們會對他們說：「你是最棒的業務人員，今天你就要證明這一點！」

四個月過後，效果便漸漸顯現出來了，這些業務人員的業績都大幅領先其他業務夥伴。

原因何在？答案不言而喻，就是他們擁有強烈的自信心。

請牢牢記住這句至理名言：「深信自己會成功的人，比較容易成功；覺得自己容易失敗的人，就容易失敗。」

做行銷，常會被吃閉門羹、被拒絕，甚至遭到冷嘲熱諷，但是我們絕不能看不起自己，絕不能放棄自己。我們要完全相信自己，要為自己不懈奮鬥，打造出自己的品牌。

如果你的雙手被繩子綁住，你就不能用它們做你想做的事情。

同樣道理，當你的思想被自己束縛時，你也一樣會在原地不能動彈。

相反的，當你自信能完成一件事情時，就會有一種巨大的力量鼓舞著你，使你勇往直前，勇敢堅持下去，對自己充滿無窮的信心啊！

最可怕的敵人，就是沒有堅強的自信

如果你從事的是行銷工作，如果想要成功的把你的產品推銷出去，首先一定要建立起積極自信的心態才行。

因為，能否成功不在於你擁有知識的多寡，而在於你的心態好壞。要成為一位頂級成功人士，建立和培養強烈的自信性格是一門重要的必修課。

心理學家說：「自信的性格比事實重要得多！」這句話值得你牢記心間，直到你完全領悟它的精髓。

不管我們面對的環境有多惡劣，即使看起來已經山窮水盡，都沒有我們對自己失去信心可怕。一個對自己有信心，完全相信自己的人，常常能夠克服惡劣環境和艱苦條件。

完全相信自己就能夠激發出潛意識中的熱情、精力和智慧，進而獲得巨額的財富與巨大的成就。所以，有人把自信心比作「一個人心理建築的工程師」，這是相當貼切的。

相信自己，自認為自己行的人，他的潛意識裡會把成功的信念，轉變成邁向成功的動力，進而採取有效的行動；不相信自己，自認為自己不行的人，在潛意識裡，他自卑的念頭會變成失敗的行動。

結語：信心是希望的本質，是未知事物的明證

是的！你不會在任何事業中失敗，只要你真的打從心裡「相信」你一定會成功。

還有，不要輕信那些總是打擊你信心的人，要拿回自己的力量，做自己命運的主人，如果自己都不相信自己，就沒有人會相信你了。

我再強調一次，人生勝利組都有一個共同的特色：**他們對自己正在做的每一件事情和所行銷的每一件東西，都有堅如磐石的「自信」**。

誠如知名流行飾品公司的總裁卡蘿莉・斐利蘭德（Carolee Friedlander）的說法：「每天醒來，我對一天的工作都會充滿無限的自信心。沒有這種自信心，我會乾脆把公司收起來，把自己的夢想忘掉。」

對那些一心追求成功的人來說，這是對「信心」兩個字所下的一個最貼切的批註。你同意嗎？

請你跟我這樣做

1. 不妨養成每月閱讀兩本書的習慣，不出幾個月，你將會發現自己比以前更有自信。
2. 馬上寫一封信給自己，列出過去的重要成就，在失意時拿出信件反覆閱讀，提醒自己並非一無是處，當前只是面臨困境，不應該對自己落井下石，而是要透過肯定自我來渡過難關。

第二課　學習「客家人」硬頸性格不要漏氣精神，早晚會光芒四射

漫漫長夜中，展現「客家人」硬頸的性格，一定要想盡方法，撐過到黎明，自然能看到朝陽，創業做生意當如此，減肥減重也一樣。

這兩年臺灣一直處在經濟寒冬中，各行各業都一片蕭條，慘不忍睹。我觀察到，90％房仲公司經營效率都很慘澹，又無法在冷颼颼的市場找到新出路，是否會慘遭淘汰？這似乎是每年都會被談起的話題。

雖然這兩年的經營環境惡劣，不擅於轉型和創新的業者，在產業結構中處於不利的地位，又遇上經濟不景氣，大家都預期未來的景氣有機會翻轉。業者垂死掙扎了那麼久，眼看著景氣就快復甦，所以說什麼也會想盡辦法撐過這一段黎明前的黑暗。

另外，臺灣房仲業者生存韌性超強。長久以來，每年都有人說：「這回要死定了！」但是一年撐過一年，一些業者雖然少不了歷經起起伏伏的波濤，但不管怎麼說，倒也都還「活著」。

回顧房仲業者的求生史，每次好像都能找到出路，像是西進中國或前往東協發展，尋找新商機，開發新市場，就是有前瞻的業者率先起跑，這讓業者撐過一段時間。

客家硬頸個性咬緊牙根堅持到底

人生不如意事很多，咬緊牙根忍一忍，就有機會到成功世界去嘗嘗甜美果實！

做房屋仲介生意25年以上，看盡仲介行業大起大落的詹智明，他認為處在經濟寒冬，業者要殺出一條血路，必須要具備專業知識的高ＩＱ，ＥＱ的培養固然重要，也一定要有能言善道的溝通真本事，更要具備咬緊牙根忍一忍的性格，以及堅持到底的幹勁的能力才行！

除此之外，在我和詹智明交談之中，他也回憶起過去，在38度豔陽和8度寒冬下，像無頭蒼蠅找顧客和做無償服務的艱苦歷程，談及做行銷工作以來，一直秉持「客家人」的硬頸精神。在從事房仲的奮鬥生涯中，為求生存展現出的堅韌意志，將「硬頸」一詞由頑固、講不聽，轉化成「咬緊牙根」撐下去的精神，不敢漏「客家人」的氣，獲得不錯的成果。

他經常勉勵年輕的朋友，面對不確定的未來不要怕，一定要立定目標與志向勇往直前，堅持到底才能成功！

房地兩稅合一後，房地產市場一片狼籍，好像是一個被醫生宣判只剩下90天生命的癌症病人。結果90天快過完，一切都沒什麼起色，病人心情自然跌到谷底，突然間覺得好像春天永遠不會來了，要準備後事了。

具備比對手更高的ＡＱ

市場變化真的詭譎多變很大，不管景氣如何變化，市場依然存在，客戶依然在這個市場，只是原本20天可以談成的訂單，現在只是需要兩個月的時間才能成交，此時，唯有具備比對手更高的ＡＱ，才能拿下勇奪冠軍的桂冠。

據網路瘋傳，有一位冠軍房屋仲介高手，曾經對一間排骨店老闆進行交流，吃了40多天排骨便當，得到40多個「ＮＯ！」的答案，直到等到「ＹＥＳ！」的回應。據悉，當他被拜訪的屋主放一條狼狗嚇跑之後，他咬緊牙根，冒著被咬的風險，繼續前往拜訪，他當時心裡想的是：「沒關係，我用寫信的方式，一定能讓屋主了解我的專業和用心。」最後屋主果然開門和他深談，終於成交了一筆大生意，賺進了一筆可觀的佣金。

有一回，我接受「中國青年創業總會」的邀請前往演講，演講結束後，一位年輕的女性朋友來問我：「我是一個從事醫美生技產品的行銷顧問，在這短短三個月中，我感覺自己都能承受自己所不能承受的。但是我不知道自己最近怎麼了，發現景氣有夠差，找不到顧客，沒賺到錢，總是想放棄這份我喜歡的工作。其實我心理很矛盾，想放棄但是我不甘心放棄，現在的我不知道怎麼好？」

我告訴他：「做行銷工作，每天或多或少都面臨某種程度的壓力和挑戰，因此，缺乏『咬緊牙根』的決心，不想盡方法解決問題，撐過黎明的復原能力，是做不好業務工作的。擁有硬頸、咬緊牙根的性格，不代表你不再感受任何壓力及衝突，而是更清楚知道發生問題時應該如何因應。做事情貴在『咬緊牙根』，只有多堅持一下，並找到解決方法，努力奮鬥過才有可能成功！」

結語：硬頸性格可以預測一個人未來飛黃騰達抑或碌碌無為

茫茫天地間，萬物皆在忍耐。蘭生溪谷，耐住了清幽，贏得了一世暖香；鶴在水畔，耐住了閒情，結了一段仙緣。是啊！野蘭自帶芬芳，何必要做牡丹。

我要勉勵你，即使成功機率只有百分之一，只要咬緊牙根撐過，好運就會接二連三的來。大環境這麼差，做任何事情處處受阻和陷入困境，自在意料之中。要創下好成績得到好成果，也許多多培養客家的「硬頸」性格，展現出不屈服、不妥協、樸實又正直的特質來應對一切問題，才是王道。

我聽一位老前輩說，一個人的性格硬頸又倔強，教育程度及收入會比較高。

我看過一份田野調查指出，性格硬頸又倔強的人重視競爭多於與他人之間的關係，重視個人利益多於他人利益，他們喜歡打破規則、挑戰權威的性格，也意味他們懂得說「不」，善於捍衛自己的權益和真正想要的東西，諸如薪酬談判等情況時，會有更高的要求，令他們一般都賺取到比其他人較多的薪水，或做生意被拒絕時，仍然能厚著臉皮繼續糾纏下去。

簡單說，具備「硬頸」性格，展現出「擇善固執」的精神，只要認為是對的事情，就要咬緊牙根堅持下去，不論遇到多大的困難，非達目的絕不終止，永不放棄。這股力量有著石破天驚的效果！總之，逆境圍繞身旁，即使成功機率只有百分之一，只要咬緊牙根撐過去，好運就會接二連三的來。

請你跟我這樣做

1. 缺乏硬頸性格，最多只能做到沒有犯罪惡，如果還要侈談高尚的美德，那就是做白日夢和大膽了。
2. 你應該慶幸自己是「硬頸」一族，這正是擔任領袖所不可或缺的特質，因為你會在各方面表現得更為優秀，擁有更高的抗壓能力，也較難被同儕影響，很容易綻放光芒，堅不可摧，成就一切。

第三課 「誠實」是天下無敵的，實話實說、有話直說、坦誠就沒有錯

要誠實對待自己，誠實是一把鑰匙，開啟你我心中那扇門上的鎖，讓我們敞開心扉，沐浴在友誼的陽光中。

這是我在道場中，聽一位前賢鼓勵人們要重視做人要「誠實」的故事。

話說城裡有一大戶人家，連續幾代都是富豪，但後來家道中落，目前只剩下老婆婆跟孫女兩人相依為命。

20歲的孫女很想要一條珍珠項鍊，老婆婆心疼孫女生下來都沒有享過福，於是決定變賣家中一個精緻的骨董碗來換取。

老婆婆跟孫女帶著看起來非常破舊的古董碗，站在前往市集中兜售，等商人前來購買，過了一會兒，商人甲走到老婆婆她們的攤位前，老婆拿著骨董碗跟商人甲商議交換珍珠項鍊。

商人甲是內行人，看到碗後便已經知道這是一個價值連城的寶物，他心一橫就騙老婆婆說這是一個沒有什麼價值的碗，然後故意離去，想待會兒回來再撿個大便宜。

不一會兒，商人乙也路過老婆婆的攤位，老婆婆又拿著碗跟商人乙交換珍珠項鍊。商人乙看

過碗後，便跟老婆婆說，他身上沒有足夠的錢，買不起這個碗，老婆婆聽了後便對商人乙說：「不要緊，你拿去吧！剛才的商人居然騙我說這個碗一點都不值錢。」

最後商人乙用自己所有的東西跟老婆婆交換，而商人甲再到老婆婆的攤位時，就被老婆婆罵得狗血淋頭，商人甲因為不誠實，而失去獲得骨董碗的機會，所以每個人都不應貪心而撒謊。

欺人只能一時，而誠實卻是長久之計！不欺騙、不說謊，堅守「誠實」的原則，早晚會是人生勝利組。

美國前總統林肯的「誠實」一直為人所崇敬

據了解，美國前總統林肯年輕時當過店員，有一次，一個顧客多付了幾分錢，當林肯發現時客人已經離開了，不過他還是二話不說衝出店門，連追客人十哩路，就為了及時把錢奉還，客人當場覺得真不可思議，驚訝不已。

還有一次，他發現少給顧客五盎司的茶葉，也是跑了好幾哩路，把茶葉送到顧客的家中，結果令顧客感動不已。

他不貪不義之財，對錢財來往分文算得一清二楚的性格和作風，因此贏得了「誠實的阿伯」

美譽和大家的信賴，後來被推上美國總統的寶座。

總之做任何事情，說話要算數，要信守諾言，對自己所說的話完全負責。不能因為怕麻煩或一點小事就失去原則，半途而廢，違背承諾。無論如何，做人做事一定要做到「言必信，行必果，諾必誠」的水準。

煮熟的種子可能發出芽來嗎？

據傳聞，有一個企業集團李董事長八十歲了，底下有六個子女，大家都才華洋溢，各有強項和專長，他準備要接棒給適合的人。

有一天，他把六個子女叫到集團總管處，發下不同植物的種子，要他們回家細心種植照顧，一年之後再回到原地比賽，決定誰是集團的的董事長。

一年後，六個子女依約定，拿著一盆盆五彩繽紛的盆栽，有蘭花、牡丹、玫瑰、鬱金香……等等，只見小女兒沮喪捧著一盆什麼也長不出來的花盆，哥哥、姊姊紛紛嘲笑的對她指指點點，讓她十分難堪又尷尬得無地自容，恨不得鑽入地洞裡。

最後經過評選之後，李董事長決定將董事長的位置交給種不出花的小女兒，因為大家拿回去的都是煮熟的種子，不可能發出芽來，之所以會看到大家手上拿著蘭花、牡丹、玫瑰等五彩繽紛的盆栽，都是因為他們不誠實。只有小女兒最誠實，沒有做假，李董事長覺得她是一位最值得信賴的繼承人。

在現實生活中，有多少人可以像小女兒一樣在面對名利誘惑下，仍然堅持自己的努力，「誠實」面對長不出來好花的結果，不做假？在工作職場或商場上，有時在面對眼前的利益時，是選擇妥協，放棄「誠實」的原則去做假或是說謊，還真的有點難拿捏。

我認為，面對名利的誘惑，你可以拿出心中的一把尺來衡量。事實上，「誠實」面對真的需要倔強的個性和勇氣，更需要堅持才行。心態和性格正確時，就會大大影響你的行為表現，而行為也大大決定了你期望的結果。

誠實才是上策

我們都知道，誠實是上策，因此我們應該要以誠實為基礎，發展不說謊、勇於認錯的良好性格。如果有說謊話的習慣應該怎麼辨呢？

下面三個方法可以為自己的「誠實」性格進行教育。

1. **馬上認清事情的真相**。幫助自己理清事情的真相，說謊無法帶給我們好處，以及可能會發生的後果，務必認清楚了解事情的嚴重性。

2. **立即尋求真實和理解**。當你發現有說謊的問題時，試著了解背後的故事，嘗試了解什麼造成自己的恐懼，因此導致自己不願意說出真相。

3. **要求自己做個百分百負責的人**。不要讓自己用似是而非的理由去扭曲事情的真相，或是撒嬌的請求別人原諒，要求自己為自己所做的事情負完全的責任。

誠實勝過金銀財寶

諺語說：「魚離開水就會死亡，不講誠信會受煉獄的懲罰。」不誠實就會信用破產，這是何等可怕嚴重的事，幾乎等於個人名譽，一生都毀了。

誠實和信用，可以說是一個人的第二生命，是一種另類財富。

所以說，身為做生意的商人，假如你懂了「誠實」重於珠寶的準則，那麼成功賺大錢的機會也離你不遠了。

「誠實」是天下無敵的！如果你是創業者或生意人，在當前激烈的競爭下，每次面對顧客，你一定非做不可的事，就是實話實說、有話直說、坦誠，讓自己成為「顧客最信賴」的工作者，縱然你是幫人辦事也不例外！

如何做到這一點呢？

我給你一個最好的建議：「永遠赤裸裸站在顧客的面前，說真話，言行合一，百分百的『誠實』面對顧客！」

總之，做人要誠實，厚道一些不吃虧。

結語：說老實話、辦老實事才是大智慧

「誠實」是為人處世的根本，是一種美德，更是一種責任。人生勝利組常用「誠實」的標準來規範自己，協調人與人的關係，提高社會道德水準。我們應當遵循中華文化流傳下來的道德標準，世世代代承傳下去。

你一定明白，人生最大的悲哀，莫過於失去「誠實」的本性。有些人為了貪圖錢財或滿足虛榮心，弄虛作假、沽名釣譽，結果還是害了自己。說老實話，辦老實事，實事實幹，這才是大智慧，才是真正有智慧的人！

請你跟我這樣做

1. 我們每天都會對各種各樣的事情做出判斷和溝通，但當你對個人經驗進行表達的時候，盡量在前面加上「從我的經驗看來……」這樣的話，比如：「從我的經驗來看，體力工作者比白領族們更加健康，但是這只是我個人的想法，可能不是所有的都這樣。」盡量把爭論的限制在你自己所在的情況下，不要泛泛而談。

2 千萬不要做你要圓謊才能完成的事情，如果你要撒謊，那還不如不要做。

第四課　七個方法，養成不輕言放棄的性格，老天爺就不會放棄你！

永遠沒有人可以擊退一個不輕言放棄的人和無限的希望，再給自己三分鐘堅持下去，你就會忘記想放棄的念頭。

市場上一瓶好酒可以賣三千元，同樣分量的醋一瓶卻只能賣一百元。俗話說：「酒醋不分家。」很多人都知道，酒做壞了就變成醋，沒錯！「酒」和「醋」的差別，不在「材料」不一樣，而只差「幾分鐘」。

據說，一位神仙來到人間，教導林二、王五如何釀製好酒。

神仙對他們說：「首先，選端陽那天飽滿起來的米，調和冬雪初融高山流下的冰水，然後注入深山千年紫砂土鑄成的陶甕，再用初夏第一張看見朝陽的新荷葉緊緊密封，密閉七七四十九天，聽到雞叫三遍後，就可啟封。」

他們歷盡千辛萬苦，找齊所有的材料，把材料一起調和密封，然後潛心等待那個美好時刻。

多麼漫長的等待啊！第四十九天到了，林二、王五整夜都不能安眠，半睡半醒間，等著雞鳴的聲音。

遠遠的，傳來了第一聲雞鳴，過了很久，依稀響起了第二聲。深夜漫長，雞何時才會叫第三聲？林二再也忍不住了，他打開了他的陶甕，聞到一股酸味，發現陶甕裡面的水，竟然像「醋」一樣酸溜溜。大錯已經鑄成，無法挽回，他失望的把它「洒」在地上。

你只要相信自己，早晚一定做得到！

王五雖然也是按捺不住想要打開陶甕，卻還是咬著牙關，堅持聽到了第三次的雞鳴。終於聽到第三聲的雞鳴，他迫不及待打開酒甕，喝了一口，驚嘆一聲：「好甘甜清醇的美酒啊！」

「好酒」還是「酸水」，只是多等了一刻而已。從此，「酒」與「洒」的區別，就只在那看似非常普通的一橫。

許多人生勝利組，他們與失敗者的區別，既不是「機遇」，也不是「天賦」，更不是沒有「努力以赴」，而是人生勝利組多「堅持」了一刻——有時是一年，有時是一天，有時僅僅只是一次雞鳴。

鍥而不捨才能換來再次揚名全世界的成果

二〇一七年一月三十日，澳洲網球公開賽男子單打決賽上演傳奇對決，由網球天王羅傑・費德勒（Roger Federer）對上蠻牛拉斐爾・納達爾（Rafael Nadal）。兩人過去曾經八次交手，納達爾取得六勝，決賽雙方鏖戰到第五盤，費德勒連拿五局奪勝，終於以總盤數三比二擊敗納達爾，拿下個人在大滿貫的第十八座冠軍。

這是費德勒生涯第十八座大滿貫冠軍，第五度奪下澳網的冠軍。歷經五年後再次奪下大滿貫冠軍，並將重返世界前十，是在澳網、溫布頓、美網都至少奪得五個大滿貫的球員。

這全靠著有一大把年紀的費德勒在心潮低落的五年內，仍不放棄要奪下澳網冠軍的心願，五年來一直保持高度的企圖心，不斷練習再練習，從不懈怠，在如此鍥而不捨的努力下，終於奪下十八座大滿貫的金盃，才換來再次揚名全世界的成果。

成功並不需要太長的時間

有人請教畫壇大師齊白石成功的祕訣，齊白石說：「其實成功並不需要太長的時間，只需要四年多的時間。」

「我從年輕學畫畫，每天作畫的時間，從一個小時慢慢增加到十個小時，這麼多年來總共花了一千六百零五個小時，折合天數就是四年又四個月。」

齊白石之所以成功，是貴在「堅持」，貴在「從不放棄」，所以不要畏懼成功的遙遙無期，只要「堅持、勤奮」，就可以和成功共舞。

以下是增強堅持性格的七個方法：

一、常常回憶自己人生中最為風光的一刻

無論是高考上榜、職場上的業務競賽拿冠軍、一次滿載而歸的釣魚、一場表現出色的球賽，甚至是回味自己一次成功的演講，都是可以激勵自己繼續向前進的動機。

二、將心比心，隨時體會他人的失敗處境

兔死狐悲，當你聽說或者目睹他人的失敗，經由對他人處境的同情、分析和推想式體驗，可當成將工作堅持下去的一大動力。

三、有了非做不可的覺悟就能堅持下去

趕緊重新檢視你的夢想或目標，這樣就會有認真實行的覺悟，可以提起勁來做應該做的事情，不會輕描淡寫放棄。

四、尋找改善自己漏洞和缺點的方法，積極改進，提升再接再厲的勇氣

在奮鬥過程中，每一次失敗都積累著後期的成功，如果你的行銷績效很難看，不應該馬上改行，而是要仔細回憶所有的銷售環節，找出失敗的原因，發現問題，加上不斷轉動的腦筋，下足工夫，努力過後才能與人論輸贏，下一次你就能獲得成功。

五、要耐得住考驗和誘惑

「堅持」是一場持久戰，要耐得住孤獨寂寞，耐得住魔鬼的誘惑，更需要有堅強的「耐心」。

六、要想方設法打敗困難，從困境脫離出來

成功的路上肯定荊棘遍地，如果你能堅持到困難向你豎起白旗的時候，你就是成功者。

七、持續激勵自己：我有「堅持到底」的決心

問一問自己，我有「堅持」下去的信心嗎？

1. 當我們面對困境時，是否能「堅持」下去？
2. 當我們面對無情的拒絕、排斥時，是否還要「堅持」下去？
3. 當我們面臨強悍的競爭者時，是否敢「堅持」下去？
4. 當我們心力交瘁時，是否還可以「堅持」下去？
5. 當我們一而再的失敗時，是否還有耐心「堅持」下去？

一輩子的「堅持」確實就是一件很困難的事，就如同「學如逆水行舟」的道理，停止前進，不努力使勁划槳，船就向後倒退，甚至於觸礁沉沒！

在追求成功的路上，如果沒有「耐心」去等待成功的到來，那麼，你只好用一生的「耐心」去面對失敗。

結語：接受「百折不撓」的蠱惑

我發現有些人的人生就毀在過分「堅持」原有的辦法之上。所謂「百折不撓」，那是有前提的，因為方向錯誤、技巧錯亂、方法不對，結果一定會南轅北轍。

做人總要算計、理智些，識時務者為俊傑，看前景一片慘澹、慘兮兮，適當的示弱、認輸、放棄，並沒有什麼不好。

「堅持」做到九十九分就可以了，留下一分力氣好轉身、好回頭。為什麼非得「百折不撓」？九十九折之後，爬起來，拍拍土，見風轉舵，轉向另一個方向，既尊重了生命，又善待了自己和別人，這大概就是一百步和九十九步的區別。

成功的背後除了時間的考驗，更考驗我們不輕言放棄的「耐心」。要有明確的目標和持續的自我激勵，加上「堅持、堅持再堅持」，你才有可能和成功、冠軍、尊榮結緣！

請你跟我這樣做

1. 首先保持耐心的意志，你可以從短短的3分鐘開始，然後逐漸延長耐心的容忍度。剛開始的時候，不妨告訴自己：「好，接下來這3分鐘，我一定要撐下去，我要保持耐心。」你將會有驚人的發現，尤其是你知道只要忍耐一下子，就會立刻加強永不放棄的耐心。
2. 只有一條路不能選擇——那就是放棄的路；只有一條路不能拒絕——那就是打開困境的路。

第五課　倔強的樂觀一切，當你面對太陽時，陰影總是會落在你的背後

未來光芒之路雖然充滿不確定性，不過你可以毫不畏懼，樂觀開朗鼓起勇氣迎向挑戰。

「這個世界上，沒有人能夠使你倒下，如果你自己的信念還站立的話。」這是黑人領袖馬丁・路德（Martin Luther King, Jr.）留下一句特別激勵人心的話。

人生何處不崎嶇？

人生何處不崎嶇？樂觀、開朗與自信，就不會輕易放棄，不放棄，終能累積，能累積，就一定有所獲。

美國前總統羅斯福（Franklin Delano Roosevelt）還是參議員時，有一天在加勒比游泳時，突然感到腿部一陣麻痺，突然動彈不得，上岸後經醫生診斷，證實患上了「腿部麻痺症」。

醫生懇切對他說：「你可能會喪失行走的能力。」

羅斯福笑呵呵的對醫生說：「我還要走路，而且我還要走進白宮。」

沒多久，羅斯福投入總統選舉，要對人民發表政見，他對助選員說：「你們幫我布置一個大講臺，我要讓所有的選民看到我這個得了『腿部麻痺症』的人，可以一步一步走到前面演講，不需要任何拐杖。」

當天，他穿著筆挺的西裝，肢體語言充滿「自信」，從後臺走上演講臺。他的每次邁步聲，都讓每一個美國人深深感受到他堅定的意志和十足的「信心」。後來，他果然不負眾望當選美國總統，並且連續出任四屆美國總統。

你的理想、目標能不能實現，真正有影響的關鍵是你自己的觀點、心態，很多事情的成功，最主要的是靠樂觀一切，不屈不撓的意志力和絕對的「自信」。

羅斯福就是最好的「典範」，即使在身體殘疾時，也總是對未來樂觀開朗，充滿「自信」，總是充分相信自己的能力，深信所做的事業必能綻放光芒。

誰都沒辦法把你撂倒

如果你要變得比別人更「樂觀」，就好好活用近年來的顯學——「正面思考法」，不斷練習改變你的心態和思維吧！像每天要吃飯一樣，就正是你天天要做的功課喔！

記住！人們的正面思考能量會隨著人生歷練而提升。例如原本只有70分的正面能量，若遇到85分的挫折時，人們可能會轉成負面思考，一蹶不振。

當我們手中擁有一顆「酸溜溜的檸檬」時，我們何不把它做成一杯「冰涼甘甜的檸檬汁」？做一個優秀的「ＥＱ高手」吧！我們不必再屈服於悲慘的困境，也不要在窮困潦倒時，始終怪罪時運不濟、造化弄人！

透過不斷的練習，正面能量就可能變成90分，你做事時，就可以更加樂觀，和「滿滿自信」面對更嚴峻的挑戰，並能付出全部的精力、智慧，找到方法排除一切艱難險阻，直到勝利。

你想當個積極樂觀的人？還是消極悲觀的人呢？

再樂觀的人，也會有高壓力的時候，重點是他們會釋放這些壓力。如果你熱愛唱歌，唱歌對你來說就是釋放壓力的最佳方法，當你清楚自己要如何才能釋放壓力時，就不用怕走不出低潮。

具有樂觀性格的人，無論在什麼時候都會感到光明、美麗和快樂的生活就在身邊，他們眼睛裡流露出來的光彩，使這個世界更加燦爛無比，他們總是把眼光盯在未來的希望上，把煩惱拋入九天雲霄。培養樂觀、豁達的性格會使你獲益一生，那麼，樂觀的性格該如何培養呢？

一、時時保持感激的心情

感激的心情和樂觀性格成正比。專家指出，把自己感激的事物說出來和寫出來，能夠擴大一個成年人的快樂。感激自己健康的活著，感激自己是自由的，感激自己還有一個美好的未來，感激過去他人給與你的一切。

二、把你低沉的情緒甩到一邊

如果你因生活出現某些困難而無法專心工作時，不必和他人商議，那會使你更加痛苦。當低沉的情緒進入你的腦內時，馬上去作其他有趣快樂有效益的事。

三、不要太講求完美主義

有樂觀性格的人通常心胸很寬廣，那些不夠寬容、愁容滿面的人，他們看不慣社會上的一切，希望人世間的一切都是符合自己的理想模式，這才感到稱心如意。他們常給自己貼上是非分明的標籤，其實已經出現怨恨、挑剔、干涉，是心理懦弱、老化的表現。

四、經常進行正面的思考

遭受過負面思考的傷害後，就明白正面思索的可貴，當然這需要一些練習來養成習慣。在萬事如意的好心情下，擁有正面思考很容易。但當遭逢挫折，要不斷的正面思考，確實不是那麼容易，然而這是最應該正面之時，讓正面想法推動自己越挫越勇、再接再厲。

因此在心情不好的時候，努力思考十分鐘，看一看有沒有任何值得開心的事情，縱然很小、很瑣碎都沒關係，讓這些正面情緒分散你的注意力，專注在令人喜悅的人事物上。

結語：面對太陽，陰影就看不見了

「生命」本身是一種挑戰，即使自己有一些缺陷或不足之處，但是只要沒有失去「自信」，肯全力以赴，去證明自己某方面的本領，早晚有機會獲得成功。

有句話說得好：「**當你面對太陽時，陰影總是會落在你的背後。**」相反的，如果你一轉身，就會看見你的陰影，而它就會變成你的人生。

所以，千萬不要讓「陰影」占滿你的人生，要永遠抬頭挺胸，「自信滿滿」面對你眼前的「太陽」，才能讓生命變得更深刻、更珍貴、更充滿意義！

請你跟我這樣做

1. 心情不好的時候，努力思考十分鐘，看一看有沒有任何值得開心的事情，縱然很小、很瑣碎都沒關係，讓這些正面情緒分散你的注意力，專注在令人喜悅的人事物上。
2. 學會體悟自己真的很幸福，也許你在某方面是不幸的，在其他方面依然是很幸運的。請記住一句發人深省的話：「我在遇到沒有雙足的人之前，一直為自己沒有鞋而感到不幸。」生活就是愛捉弄人，但又充滿著幽默，想到這些，你也許會感到自在輕鬆又愉快。

第六課　拒絕「與時俱進」等於與世隔絕，就很難光芒四射，還有被淘汰的風險

這是一個最壞的時代，也是一個最好的時代。強者全部獨吞，弱者退出戰場。表面上市場在「洗牌」，其實背後在「洗人」，凡是偷懶的、誇大不實的、投機取巧的、貪婪無厭的、傳統不變的、不與時俱進、不跟隨腳步前行的人，必將慢慢走進歷史，退出舞臺。

我認為，美好的未來屬於有學習心、重合作、講誠信、懂趨勢、心胸開闊、能與時俱進又充滿正能量的人，不斷打造升級版的自己，自然能贏在未來，如果無法做到，就會成為落後者。

總之，現在的主管能夠與時俱進，不斷學習新的工作技能、學習與新世代溝通、學習接受不同的價值觀等，都是可以讓自己綻放光芒的好方法。

用針對性的策略，跟著產業的變動而改變

最近接受永絜安公司邀請，前往主講他們主辦的教育訓練課程，發現有一位蘇州陳董事長和

兩位香港經銷商，一早就來參加年終教育訓練營，非常佩服他們「與時俱進」的好學求知精神。

趨勢觀察家觀察世界的變幻法則，簡單說就是「與時俱進，迎接未來，改變未來」。世界一直在快速演變之中，觀察不能停在過去，須隨時接收全新的資訊，調整個人對世界的認知，做出具體的對策，就是「與時俱進」。

日月運行從沒有停止過，時代的巨輪一直向前轉動，趨勢也不斷推陳出新，潮流一直向前奔馳，所以無論個人、企業、團隊都要「與時俱進」，不能「與時俱進」就是進步的障礙，所以，我們不要成為時代進步的障礙，應該「與時俱進」，才能不斷調整與創新，才能適應大環境的改變，永續經營。

二十一世紀是知識經濟的時代，近五年來，臺灣女性創業家成倍數增加，她們在企業界的地位越來越舉足輕重。永絜安化妝品公司的黃玉棻執行長，就是一位歷經失敗後再開創屬於自己一片天空的創業家，又能兼顧家庭和事業，做好平衡角色的少數女性之一，成為業界爭相學習效法的標竿。

回顧十六年前，黃玉棻覺得上班領死薪水，一輩子得看人臉色過日子非常痛苦，經常加班出差，弄得身體狀況突然惡化，才幾年就老了好幾歲。不願過上班日子的黃鈺棻，為了出人頭地和經濟需求，不顧一切和老公一起創業，要來爭回失去的健康和青春。

她和老公一起創業後，為了只許成功不許失敗的決心，經驗告訴她，持續提升競爭力的重要性，下班後一有時間就去企管顧問公司上課學習，去學習成功學和有效率的經營管理技巧，增加自己的實力和競爭力。

黃執行長認為，做為一個美容化妝品業的老闆，除了要有專業知識技術與激勵的能力之外，對市場、組織有敏銳的反應力絕對不能少，運用科技的能力也要跟上潮流。

為了增強自己以上種種的能力，最近一年花了許多時間，每週二、四、六去學習當今的「顯學」——孫子兵法，她知行合一，把《孫子兵法》中的策略學運用在商業實務上，竟然在這個經濟冷颼颼的市場中，打造出令人刮目相看的佳績。

上班八小時之內決定現在，八小時之外決定未來

黃玉棻相信，人和人的區別在於八小時之外如何運用。八小時之內決定現在，八小時之外決定未來。所以這一年來擠出時間去上了「孫子兵法」的課，覺得一分耕耘十分收穫，學會了「兵貴神速」的道理，並且大方分享她努力學習和應用的心得。最近知道「孫子兵法總裁班」要開高階班，已經私下請我幫她保留一個名額。我對她說：「對於懂得兵貴神速的人，我非常欣賞，當

然給你一個名額了！」

人生有兩大悲哀：結婚之後不再戀愛，畢業以後不再學習。

拒絕學習，就是拒絕成長。她認為老闆不學習，會被員工看不起，並且和員工有代溝，勞、資一方不學習，就會有隔閡。學習的人如同長高的樹，自然會有高藤來攀。

重視自我學習成長的黃執行長，也非常重視員工和經銷商的教育訓練，一年花千萬元的預算來辦理，每次她辦教育訓練活動，參加學員有遠從大陸地區和香港、馬來西亞來的老闆娘，由此可見，與時俱進持續來學習，是突破不景氣和逆境、幫自己爭氣的不二法門。

人要有兩畝田，白天是果腹的，晚上是耕種未來的。黃執行長持續學，與時俱進的精神，絕對活非常有尊嚴，自在快樂又幸福。

如何「與時俱進」？

一位國際文教專家指出，既有技能已跟不上科技發展，這是我們時代特有的挑戰。「經濟合作暨發展組織（ＯＥＣＤ）」在最新報告中指出，派得上用場的技能組合，能確保全球化帶來就業與生產力成長。

我們要如何「與時俱進」，不斷的學習，和跟上科技發展？我認為第一個方法是「觀念」要與時俱進，只要我們的「觀念」與世界接軌，行為、策略和拚搏方法就可以隨時代的改變，而予以調整、適應和改弦易轍。

其次，要與「時代思潮」俱進。順應時代的潮流，往前進步才能生存；與時代思潮逆向，那是落伍，就沒有競爭力。只要能跟得上時代思潮，汲取更新的管理技術和方法，就不會輸在起跑點上。

「與時俱進」會讓你的成長和發展不會停歇。

之前我聽到臺灣本田汽車總經理鈴木良幸這樣說：「與時俱進基本上是從閱讀相關書籍以及藉由觀察更上級的主管的優點，從中擷取適合自己的部分，再運用在工作上。以前，我在學生時代學過劍道，在這當中我也領悟到許多對戰時所需的技巧。」

舉例來說，在劍道對戰中，如果想要贏過對手，用一個字來形容的話就是「先」，也就是在對手行動之前，就能預先猜測到對手下兩步的行動，然後採取適當的攻擊。以商業手法來說，就是不能只專注於眼前，更要能讀取未來的走向，這樣才會成功。

日本的著名武士宮本武藏，他所寫的《五輪之書》裡提到一段話：「不懼怕、不猶豫、要積極。」這句話對對現在的行銷和成交，都有很大的影響。

成功關鍵是除了專業知識外，什麼都要懂一點，才是高招，專業知識一定要精、要新、要實用，還要在普通常識方面多努力學習，事事皆通曉。方法如後：

一、**多看、多聽、多閱讀**

多看各類不同的書、雜誌，有助於掌握最新資訊，有機會就去聽演講、參加培訓、出國考察業務。

二、**多跟成功人士聚會**

注意市場的行情、流行趨勢，從水準與垂直的不同角度，並了解各個年齡層的個性、需求，以及工業顧客的發展、需求和需要解決的問題。

三、**選定項目努力專心鑽研**

結合興趣，讓自己變成「半個專家」或「兼差專家」面對突發問題的應變力。

結語：眼光「與時俱進」才會度過困境

做人做事眼光不要短視，同時眼光也要「與時俱進」才夠炫。短視的人就看短利，看不到未來遠景，因此一個人要有「遠見」，不單是看到今天的努力，還要規畫明天的方向。不單是看到今年的豐收，更要想到明年、後年，乃至十年、二十年、百年後如何收成。

雖然目前情況對大家都不利，千萬要忍痛一下，想方設法找出路。有「眼光」的人常常會激勵自己，越是情況糟糕越不要喪志，對未來充滿無限的期望，「與時俱進」正是救命仙丹，靠著它，你一定有救的！

請你跟我這樣做

1. 凡事要隨時而行，隨事而變。要知行合一，不斷開拓創新。要有求真務實的態度，深入實際，深入問題，努力探求時代發展的規律，然後根據時代發展的內在規律和現實變化，不斷開拓新事業，創造新績效。
2. 每個月讀兩本書，參加四場講座，每週跟好友或同事分享工作心得三十分鐘。

第七課　努力做一個很熱情、非常敬業的工作者，自然能重新做到使命必達，光芒萬丈

不用老闆交代，燃燒熱情、超敬業，將身體、靈魂和心靈全部投入事業當中！

站在世界料理之巔，曾在新加坡經營餐廳的江振誠說：「上上下下十八個人、十四個國籍，我的團隊裡沒有臺灣人！原因可能和我管理的方式有關，可能都剛好碰到臺灣年輕人缺乏的。」

其中一個原因是臺灣員工對工作「熱情」不足，常會突然說：「我家裡有一點事。」或是「媽媽突然生病了。」，或是「我要回去開盲腸。」之類的話，沒有責任感，突然告假，說不來就不來上班，造成許多經營管理上的困擾。

事實好像很眼熟，是的，臺灣現在60％的餐廳老闆都說，熱情、敬業的員工好像瀕危動物越來越少，老闆一個頭兩個大，大嘆熱情、敬業的員工很難找、很難得。餐廳前場的員工對現況不滿，很快就會失去熱情，同樣的事情也會發生在廚房，很多員工對煮菜與悶熱的廚房失去熱情。

我偶而進入生意乏人問津的餐廳，店裡客人寥寥可數，此時可以看到一些受雇的店員們不是在店裡聊天，就是看著報紙、雜誌，顧客招呼置若罔聞，顧客揮手也視若無睹、懶得搭理，沒有

什麼活力。你是否也會這樣呢？

有一回，我和黃教授一起去廣州參加兩岸經貿論壇，在貴賓室裡喝咖啡時，黃教授曾經問我：「人要做一些工作，或做一些不得不做的工作。縱然你的工作環境再好，難免還是會有倦怠的一天，尤其是工作了一段時間後，感覺每天都在重複單調的工作，像一個機器人，處理著單調枯燥的事務。心中只盼望著能夠早一點下班，而抱怨也越來越多，生活也跟著陷入一種惡性循環。如果有以上的情緒該怎麼辦？」

我簡單回答：「我的方法就是趕緊停止消極的情緒，設法找回我的熱情，點燃我的熱情，然後把我的熱情散發和延伸出去。」

成功者和平凡者之間，最大的差別就在「熱情」

黃教授插話說：「難怪美國奇異公司的前CEO傑克・威爾許（Jack Welch）曾說過，A級人與B級人之間，最大的差別就在熱情。」

我接著說：「日本經營之神松下幸之助也說過，熱情大過於才幹，而在卡內基留給他孩子的書信中也提到相同的觀點，而我們也有相同的俗語：『濕材點不著火。』」

聰明的黃教授馬上接口說：「也就是說，遇到瓶頸或工作發生倦勤時，要學會如何喚醒自己內心的熱情，而不是幫自己找尋任何的藉口。也不要把工作視為緊箍咒，因為大多數的人並沒有選擇不工作或者逃離社會的權利。」

「你的說法真是一針見血啊！充滿熱情的人，似乎具有特殊的影響力、魔力和感染力。他會積極主動、全身心的投入到工作之中，這時候，他的自發性、創造性、專注力……等等對自己工作有利的條件就會表現出來，他就能夠把工作做到最好。就算是一個很簡單的工作，在他的手中都可以做得與眾不同、有所突破，並得到最好的績效，由於他受到激勵，結果讓人生更上一層樓，也更加的海闊天空。」我附帶說。

黃教授頻頻點頭。

好好「培養」你的熱情！

「熱情」永遠在我們心中，它就像一盞導航燈，永遠在低處照耀；要不要將它點亮，全看你自己。那麼要如何「培養」熱情呢？我認為要不停的鍛鍊，就像鍛鍊身體一樣，你可以試試以下方法：

一、明確人生的新目標

90％的人失去對工作的熱情，主要是還不知道自己對生活、人生的規畫和目標，因此一直被「過一天算一天」的心態所綁架。沒錯，安逸的生活是一種幸運，但有時會在無形中浪費了很多生命。如果還有夢想追尋，就要趁早規畫自己未來想過的生活，確定目標了之後，就會對生活和工作更有衝勁！

二、適量的肢體語言很重要

不管今天是晴天或雨天，都請你盡量微笑。科學家發現，微笑這個動作可以引起體內微妙的化學變化，鬆弛緊張的臉部肌肉與全身神經。展現笑容，可以掃蕩鬱悶、激發「熱情」，我想上帝絕不會把好機會送給愁眉苦臉的人。

你的肢體語言也很重要喔！握手就用力握，高興就大聲笑，想唱歌就盡情唱。老友相見，何妨來個擁抱，讓周遭都感受到你的真誠活力、你的熱情洋溢，把你的熱力也傳染給他們。不過，要小心的是，可別表錯了情！所以，在辦公室裡，適量的肢體語言是必須的。

三、把公事都當第一次來

第一次的經驗總是最難忘的，因為在無前例可循的情況下，你付出了最原始、最完整的熱情。而同樣的事情經歷第二次、第三次以後，你就會比較、就會考慮、就會有所保留，熱度就會遞減。維持熱情最好的方法是，把每次的例行公事都當成第一次來做，並且運用創意，從中找出新鮮感。

四、多說笑話開口大笑

一個人太少開口大笑的話，整個人就會顯得越來越冷淡，越來越無情。平常多聽並多說多笑，娛人娛己，讓自己放寬胸懷，很用力的笑，讓熱情之火勢不熄，也是很好的有氧運動。

五、最重要是多增加一些個人的興趣

無論辦公室裡發生了什麼破壞你心情的事情，請記住這一點：你的生活不是只有工作，你需要在工作以外建立一些個人的興趣。可以是學習煮咖啡、插花、打乒乓球、學習一種新的語言，或者任何你覺得有趣和讓自己感到滿足的東西。

有了這些，你不僅會感到人生更加滿足，也會為自己添加一些難忘的經驗。當回到工作中，你可能會感受到前所未有的快感，或者當你在教別人東西時，甚至可能讓你感覺更加自信。

將身體、靈魂和心靈全部投入事業當中

沒有「熱情」，所有的事都不會有開始，所有的夢想也不可能實現。「熱情」不僅會使我們期待自己能做更多熱愛的事情，讓更多費力單調的工作能夠自動完成，讓我們在殘酷的社會中脫穎而出，並讓我們在這趟人生之旅活得更自信、更愉快。

不論你的目標和理想是什麼，都要全心全力去實行。簡單來說，就是我們必須活力十足的投入生之洪河中。這是一個多麼令人興奮、驚喜、心意盎然的字眼——「熱情」，就是靠它，網球名將費德勒才能在球場上技壓群雄，所向無敵。也是靠它，李安導演的片子，才能在影壇上贏得許多獎盃和肯定。我也憑藉著它，將身體、靈魂和心靈百分百投入在演講和寫作事業當中，因而獲致了一些優異的成就。

「熱情」永遠在你心中，它就像一盞導航燈，永遠向著暗處照耀，要不要將它點亮，全看你自己。有「熱情」做一項工作，這是好事，不需要任何的辯駁。只是工作要有熱情，既不是一種「工作倫理」，也不是一種「道德規範」，它是一種關乎人為何而工作的「價值觀」。

你的「價值觀」是什麼？有人為了餬一口飯吃而工作，有人為了賺更多錢而工作，有人為了受人尊重而工作，也有人為了改變世界而工作。

我特別尊敬那些為了崇高「理想」而熱情工作的人，但是我也絕不看輕那些為五斗米而折腰

的工作者。因為能為「理想」而工作的人是最有福分的，不是人人都能有這樣的福分。你同意吧！

結語：熱情不是一個信念、執著而已

你對一件事情堅持，它不是「熱情」，它也許是一個信念、一個執著，對你的生命來說，是關鍵的元素。「熱情」燒完之後剩下什麼，那才是精髓，才是你會不會繼續做下去的靈魂所在。

請你跟我這樣做

1. 你對工作的熱情，源於你對工作的深入了解。長期的熱情來自於你對工作自身的熱愛，對你的工作加深了解，了解它的過去、現在，預知它的未來，你了解得越多、越深，你對工作的熱情就會越高。
2. 多增加一些個人的興趣。你的生活不只有工作，你需要在工作以外建立一些個人的興趣，譬如學習煮咖啡、插花、打乒乓球，你不僅會感到人生更加滿足，也為自己添加一些難得的經驗。

第八課　生命沒有完結，生命只有前進。偉業常成於「再試一次」，毀於急躁

遇到逆境或不順，要冷靜不要，不必太害怕，問一問自己，我還有「再努力一次」的勇氣嗎？

人生旅途不可能一帆風順，挫折與困難在所難免，但關鍵是當你多次努力後尚未成功時，還能否繼續堅持，再試一次？其實，再試一次，成功就會和你結緣，綻放生命的光芒。

因此，無論你在生命的過程面臨著何等的困境，抑或經歷著多少絕境和失敗，無論道路如何的艱難，無論希望變得如何渺茫，請你不要失意絕望，「再試一次」，成功一定屬於你，「再試一次」，就是再給自己一個機會，轉危為安，反敗為勝，才有新希望。

從正面的角度解讀失敗，你會發現，雖然讓你小跌一跤，但卻也透露出令你成就一生的玄機。人在逆境中的永不放棄，「再試一次」的倔強，逆境求生，正是迎接成功的關鍵要素。

讓我談一談我自己的狀況，我過去儘管也算努力過了，但是始終沒有太輝煌的成果。當臉書在臺灣開放之後，我就開始經營粉絲專頁，每天都寫一篇文章。一段時間之後，在網路上小有名氣，後來居然出現許多的機會上報紙、上電視、上廣播節目，被出版社看中邀請出書。這說明我

很有本事嗎？不是！我有的不僅僅是什麼硬工夫真本事，而最厲害的是我的那一股傻勁，再試一次的倔強和勇氣而已！

有人說我紅了，其實在我看來，這哪算什麼紅啊？這只是我堅持不懈，努力拚搏和「再試一次」的一個過程。

每一個勝利背後都有許多嘗試

許多人離失敗只有一步，離成功也只有一步，關鍵就在於你的心態。如果一次成功，需要多次的「失敗」來做鋪墊，那麼你應該慶幸，因為「失敗」意味著你離成功更近一步，只要你願意再試一次，你就有可能登上成功的巔峰。

成功從來就不會是一條風和日麗的坦途，當我們面對每一次挫折和陷入困境的時候，我們應該始終懷有「再試一次」的性格與勇氣，也許再試一次，我們就能聽見成功走過來的腳步聲！

事實正是如此，成功不僅需要ＩＱ、ＥＱ，更需要ＡＱ！台積電董事長張忠謀曾對員工說：「**成功不是屬於先出發的，而是屬於最後倒下的！**」這句話意指人要在逆境中永不妥協，再試一次去找出脫困方法，早晚一定會走出困境的。

成功需要「再試一次的倔強」

這是我從一位講授卡內基「人際關係訓練班」課程的老師那兒聽來的故事。

一八九二年夏季，美國密蘇里平原經歷了一場大風暴，很多農莊和房屋都被狂風給摧毀了。一個無家可歸又窮困的小男孩，在瓦倫斯堡的集會上聽了一場演講，演說者雄辯的技巧和扣人心弦的故事，深深地影響了男孩。他忽然產生了一個強烈的願望，立志要成為一個演說家！

由於他的外表笨拙和少了一根食指的左手，讓他在之後相當長一段時間裡，都在自卑的牢籠中度過。

直到一九〇四年高中畢業，小男孩就讀密蘇里州的華倫斯堡州立師範學校。為了尋找出人頭地的機會，他努力參加各種演講比賽，連連失敗，男孩兒頓時心灰意冷，甚至對自己的能力產生了極大的懷疑。

從哪裡跌倒，就從哪裡爬起來

有一次比賽結束後，他父親看他垂頭喪氣的樣子，眼神中充滿了信任鼓勵他說：「孩子，為什麼不再試一次呢？」於是，受到激勵的小男孩下定絕不放棄的決心，在接下來的兩年中，他天天出現在河畔，一邊走一邊背誦著林肯及戴維斯的名言。

一九〇六年，男孩兒以一篇《童年的記憶》為題的演說，贏得了勒伯第青年演說家獎。這是他第一次獲得成功的果實，這份講稿至今還存在瓦倫斯堡州立師範學院的校誌裡。

這個男孩就是家喻戶曉的戴爾・卡內基，他的《成功之路》系列叢書創下了世界圖書銷售之最，他所開創的「人際關係訓練班」遍布世界各地。

成功就是再試一次

有一回在培訓課堂上，一位年輕的學員問我：「我是一個業務人員，在這短短的一個月裡，我感覺我自己都能承受我自己所不能承受的，但是我不知道我自己最近怎麼了，總是想放棄這份工作，其實我心理很矛盾，想放棄但是我不甘心放棄，現在的我不知道怎麼辦才好？」

我告訴他：「再試一次吧！商場最大的危機不是外面的促銷、降價或拒絕，最大的危難，在你自己的內心。最難的不是別人的拒絕和不理解，而是你願不願意為你的目標而作出改變和堅持！如果你以堅定的、樂觀的態度面對失敗、艱苦，你反而能從其中找到好處。失敗只是人生的一部分，也是一種人生閱歷，每一次失敗都意味著向成功又邁進一步。當你感受到成功即將來到的喜悅時候，就不會放棄，做事情貴在堅持，只有堅持和『再試一次』，再努力奮鬥過才有可能成功！」

偉業常成於「再試一次」，毀於急躁

我繼續說：「生意難做，本是天經地義。拿訂單如同追女孩子，女孩不好追，靚女更難追，雖然你有勇氣主動接近，可是她心眼小處處設防，心思善變如天之雲，欲迎還拒、甚難捉摸。顧客也不好求，你上門尋求合作，可是他故意對你的條件隨意挑剔，處處要求我們多釋放一些好處，有時要求多到讓人不敢苟同，有道是：『店大欺廠，擇人而嫁。』所以說，自古唯女子與顧客難求也！萬事開頭難，同學，要綻放光芒活出精彩，跌倒後『再試一次』就會成功！」

結語：遇到逆境要學會爬起來「再試一次」

在人生的路上總難免有坎坷，但只需堅信，每一個「再試一次」，將讓我們與成功更接近！

人生最美麗的風景就是「再試一次」，因為「再試一次」就意味著不會遺憾和後悔。如果我們因為沒勇氣而放棄自己的堅持，這才是真正的「懦夫」。人生不如意十之八九，誰都會遇到挫折，遇到挫折並不可悲可怕，重點是遇到之後要學會爬起來！，「再試一次」！

所以，人生的旅途不可能一帆風順，事事順遂，挫折與陷入逆境在所難免，關鍵是當你嘗試多次努力後仍然沒有成功時，還能否繼續堅持，再試一次？其實，再試一次，成功就會和你結緣，享受生活的精彩和美麗。

請你跟我這樣做

1. 完全相信自己是最棒的、最行的，每天激勵自己三次以上。
2. 人生不如意十之八九，遇到挫折並不可悲可怕，成功之道是就是遇到挫折之後要學會趕快爬起來，「再試一次」！

第九課 全球已進入行動世界，快魚吃慢魚，兵貴神速，跟不上，光芒就漸漸黯淡

慢活固然不錯，只是慢魚通常會被快魚給吃掉，擁有比競爭者更快速行動的性格，可能是你唯一永續綻放光芒的優勢。

全世界變動太快，各國都在競爭，若又不巧遇上不好的政局，自己又不長進，貪圖小確幸，就會跑輸別人，這是未來三年大家所要面對的最大挑戰。

《孫子兵法》講：「兵貴神速，不戰而屈人之兵。」一點都不假！

《孫子兵法》還說：「故兵貴勝，不貴久。故知兵之將，民之司命。國家安危之主也。」這段話的意思是說，作戰最重要、最有利的是講求「速勝」，「曠日持久」是最不智的行為。真正懂得用兵之道和深知用兵利害的將帥，掌握著民眾的的生死，主宰著國家的安危。

「兵貴勝，不貴久」，戰爭只是工具，不是目的，耗時越短，價值越高。不能等到兵疲馬憊、彈盡援絕了才草草收兵。那時縱然戰勝，又有什麼成果和歡樂可言！

也就是說，「**速度**、**時間**、**效率**」是三個互為影響的概念。

在這三個概念中，核心是「時間」，主軸是「速度」，速度快慢、效率高低都將表現在「時間」這個因素中。「速度、時間」在當今商場的競爭中，發揮的作用越來越大。**效率就是生命，時間就是金錢**，這是一個非常重要的思維。

據相關的研究指出，從生產到將產品送到消費者手中，實際花費的時間只占有效過程時間的5％，其餘95％的時間都沒有增值。這些「無效時間」正好為時間戰略的實施，提供了潛在的廣闊空間。因而運用「快速反應能力」策略是：增加增值的時間，縮短不增值的時間。

《孫子兵法》中提到：「兵貴神速。」孫子最忌諱戰爭的長期化、泥沼化，「速戰速決」是作戰最高指導原則。如果忽略這一點，一定帶來嚴重的後果，商場也是如此。

比技術更重要的能力是什麼？答案是：「以快取勝」

企業推出新產品時，一定要能立刻爭取市場，如果不能一舉在市場上造成聲勢，等待其他競爭對手推出同級品，或有更新更好的產品出現時，就會陷於困境。因為當前紅海市場殺紅眼，產品的生命周期比以前又縮短許多，必須「速戰速決」才行，如果動作緩慢，延誤時機，可能血本付之東流。

因此做生意一定要與「時間」賽跑，三星CEO尹鐘龍就認為，電子產品市場的生存法則之一就是在市場展開競爭之前，一定要把最先進的產品推向市場，並放到零售架上，這樣就能賺取由額外的時間差帶來的高價格。

也就是說，只要能縮短產品研發製造和推向市場的周期，就一定有利可圖。在市場上，只要遲到兩個月，就毫無競爭優勢可說。

破解三星電子速度經營之謎

「三星生魚片理論」是韓國三星從三流品牌發展為一流品牌，經歷多年廝殺所形成的獨門經驗。近十年時間，三星電子上演了數位化商業的極速神話，「一飛衝天、快如閃電」這八個字用在三星電子身上毫不過分。

這個祕訣的核心在於，總裁尹鐘龍深信生於憂患的三星電子要想避免死於安樂，一定要在保持高度「危機意識」的同時，實行「速度經營」，快速奔向市場和消費者。

尹鐘龍的生魚片理論意思是：「當你第一天抓到高檔魚，在第一時間高價出售給第一流的豪華餐館。如果不幸難以脫手，就只能在第二天用半價賣給二流餐館了。如果拖到第三天，這樣的魚就只能賣到原來四分之一的價錢。而此後，就是不值錢的乾魚片了。」

因此，企業在推銷自己家的產品進入市場之前，就要把產品想像成「生魚片」，迅速脫手，這樣才能賣得好價錢。

據了解，三星以「速度」取勝，不斷推陳出新，領先市場一步，確保「人無我有、人有我優，人優我強」法則，產品永遠是電子市場上新鮮的「生魚片」。

「速度經營」的「四先致勝原則」

新產品日新月異及速度經濟時代的到來，現在不再是一個大魚吃小魚的環境，而是「快魚吃慢魚」的時代。

「速度」代表著市場占有率、獲利，意味著企業在新進市場的影響力和話語權。因此企業競爭必須將「價值與速度」作為經營核心，發展和強化「快速反應能力」，才能提升企業的全球競爭力。

「快速反應能力」簡單說就是企業面向市場的多樣變化，發掘市場的潛力和機會，避免環境的威脅，迅速適應市場的要求，快速向市場提供具有競爭力的產品（服務）的能力。

「快速反應能力」要求企業要具備敏銳的環境分析能力、快速的產品研發和創新能力，先進的產品製造能力和靈活的行銷能力，它是企業綜合素質和整體實力的體現。而要強化「快速反應能力」，首先要從適當的「策略」著手，然後再透過日常工作的「流程」去執行和落實。

在執行層面，我們可以參考三星集團的「速度經營」，做為借鏡。據知，三星集團的「速度經營」，在企業策略方面，細化為「四先原則」，它們是：

1. 隨時觀察和調查，發現先機找到商機。
2. 不計代價，率先獲得技術標準。
3. 快速製造，快速行銷，產品搶先進入市場。
4. 要在全球市場占據領先地位。

在數位經濟時代，由於資通網路的神速發展及擴散，導致距離、時間、位置的消失，市場早已形成了「群雄逐鹿」的戰局，沒有先來後到之分，因為大家都可以輕易獲得相同的知識、技術和材料，真正起決定作用的是：因應市場與客戶的速度和彈性為基礎的「速度經濟」。

結語：誰快誰就是贏家。

「快速反應能力」是在不確定環境下新的核心能力，培育快速反應的能力，才能提高企業競爭優勢和獲勝率。

要提高企業「快速反應能力」，方法不難。首先要培育企業合理的市場預期能力，預測未來較長時期的市場需求狀況，及早為企業的各項工作做出一定的規畫，爭取主動權。因為市場上的產品生命周期縮短，市場機會經常稍縱即逝，如果只透過消費者的調查，並不能形成合理的預期，消費者在許多情況下，並不清楚自己到底需要什麼麼樣的產品或服務。

其次一定要建立和完整暢通的企業訊息管道，將最科學的資訊系統作為快速反應市場的重要手段，致力於將收集的數據和匯整資訊後的結果，盡快交由企業領導人決策之用。

當然，你還需要建立扁平化的組織結構，因為扁平化組織結構的層次少，職能機構大幅壓縮，使決策層更貼近執行層，它不但降低了企業管理的協調成本，還大大提高了企業對市場的反應速度和滿足客戶的能力。它能使過去大型企業的管理結構層次多、訊息傳遞緩慢、反應遲鈍、效率不高的情況得到根本的改變，大幅提高企業的競爭優勢和獲勝率。

請你跟我這樣做

1.不要以為只有你一個人在做這件事情，你和所有的人處於同一起跑線上，你如果稍微一停留、一疏忽，就會被別人甩得很遠。

2.不要以為某一個想法是你想出來的就一定屬於你，當你高枕無憂的時候，別人早已將想法付諸實踐了。

不合胃口，就別吃；沒有好感，就別約會；索然無味的事，就別做，自然能激發心靈潛力。

第十課　激發潛力，才能找回失去的活力，增加大放光芒的機會

幾天前，我參加研究所同學的聚餐，一位中華電信集團的博士處長靠過來，向我請教：「有田博士，你是人性激勵管理專家，現在的員工懶，請問如何激發員工的心靈潛力，才會讓員工的工作效率更高，提以升他們和組織的績效？」

我跟他說：「這是老問題啊！你是不是也會有突然什麼事情都不想做的時候？這是人的惰性。很多人生勝利組與我們的最大不同，就是處在相同的情況下，前者有能力發掘自己內心潛在的動力，克服自我設限的習性，找回失去的活力，並激發自己，開始下一步行動。」

當你或你的員工少了前進的動力時，試試這八件事

接著，我和這位博士處長分享我們該如何激發心靈潛力，增加自己動力的方法。

我認為，一個人能否光芒萬丈的關鍵，絕不是環境，也不是際遇，而是你所抱持的性格或信

念。性格或信念能挖掘出深藏在你內心的無窮力量，如果你相信能光芒萬丈，性格或信念就會鼓舞你去達成；如果你認定會輸，性格或信念就會讓你嘗到失敗。

說明如下：

一、**先要好好了解自己喜歡什麼**

人生苦短，我們已經沒有時間可以浪費了。我認為每個人都必須知道自己喜歡什麼、不喜歡什麼，這樣才不會浪費生命。如果你不知道自己喜歡什麼，那麼至少你一定知道自己不喜歡什麼，只要把不喜歡的事情統統列出來，再反向去尋找，通常就是自己喜歡的事。

認識自己，並跟隨你的心。人生應該是為了做自己喜歡的事而活得精彩又絢麗，因此要坦誠面對自己喜歡的事，我們沒有時間去猶豫究竟是喜歡還是討厭。對於喜歡的事，不是用想的，而是憑感覺，想到了就去做專注持續的作，怎麼會懶洋洋和偷懶啊？

二、**去做自己喜歡的事，驅離懶散的心情**

當我覺得對工作感到疲倦、痛苦、煩惱和困惑的時候，我恢復活力的方法很簡單，就是一個人到海邊去看海，晚上的時候，靜靜聆聽大海的呼吸，感受海風溫柔的撫摸，仰望深邃的星空，和天上的星星輕聲細語的交流，讓自己的思想感悟寧靜，體驗體悟生命靜謐處的美麗。

我有一個高姓男生好友告訴我，當他沒動力的時候，就會到健身房去看看美女，這是他恢復動力的好方法，滿有效的！

三、有壓力就要好好減壓一下

現在的人工作壓力都很大，要應酬客戶，要應對上司，要應付同事，要應變工作，還要平衡生活，沒有壓力是不可能的，如果自己不會減壓的話，就會造成「踢貓效應」。

我認識一位國際醫美生技公司的總經理，他的減壓絕招就是所謂的「吳氏減壓法」，問自己，遇到最壞的結果是什麼？他在某公司的時候工作壓力很大，他就問自己：「如果我不在這家公司做總經理了，我會怎麼樣？」

他給自己的答案是：「到其他公司做總裁。」很快的，他身上的壓力立即消失掉。

四、利用積極性想法去做事就怎會累

我是一個演說家，到對岸去演講賺錢，難免要穿山過省、要四處奔波，經常要站著演講兩天。老婆看在眼裡覺得捨不得，常常在耳邊叮嚀，不要接這麼多案子。

這時候我就告訴她：「老婆！別擔憂我的辛苦啊！我不是去演講，我是到大陸去把演講費拿回家給你當家用啊！」老婆聽了之後，想到我要把演講費拿回家當家用的美好結果，馬上就轉憂為喜，變得比較支持我到大陸去演講了。

因此意興闌珊的時候，不妨轉念想想好的結果。在逃避做什麼事的時候，我們往往在想做這件事有多麻煩、多枯燥，我們可以多想想好的方面，想想完成後的喜悅，你會更有動力完成它。

五、回憶勝利時光，忘掉失敗的情境

如果做生意，萬一你和對手搶生意，結果被顧客背叛而敗北，這時千萬不能讓那些工作上的失敗、悲哀及被拋棄的心境困擾著我們。

這時候，你要回憶以前成交大筆生意的幾個案例，用心感受幸福、美好、快樂，和獲取大筆金錢的成功經驗。這樣做，就能在心中泛起層層漣漪，激發我們努力去開拓更多的新客戶，這時那些失去生意的不愉快，就馬上要從頭腦中抹掉，千萬不要讓陰影籠罩心頭，影響我們繼續前進的動力。

六、多跟有正能量的人做朋友

這世界是物以類聚的，有正能量的人多半會跟有正能量的人在一起，消極的人則會跟消極的人在一起。多跟有正能量的朋友在一起，他們正面且積極的能量會傳染給你。

七、趕緊離開產生壓力的地方

如果我們的壓力來自於辦公室，那麼減壓的場所就在辦公室之外，想要減壓，最迅速的辦法就是立即離開讓你產生壓力的地方，立刻斷開讓你產生壓力的聯繫，並放鬆休息一下，比如跟別人聊聊天，或者參加一些文藝體育活動或娛樂，這樣很快就會把原來的不良情緒沖淡甚至趕走，重新恢復心情的平靜和穩定。

當然這只是權宜之計，當你重新走進辦公室的時候，雖然那些壓力還在，但是壓力就不會有剛才那麼大了。

八、要保持精力無比，就要先把身體練得更健康

我的主要方法，是每天健走五公里，玩啞鈴三十分鐘，攝取七種以上的蔬果來保持精力。如果你的精神或肉體任何一方面出了狀況，都會造成精力的衰退。因此，你要生活規律、睡眠充足、運動量足夠。此外，避免疲勞過度、避免卡路里攝取過量、缺乏維他命等等。總之，將身心都調整到最佳狀態，是維持精力、展現更強動力的基本條件。

你也可以嘗試下面的意見，告別鬱悶，恢復活力展現更強的動力：

1. 去痛痛快快的淋一場雨。
2. 去空曠無人的地方聲嘶力竭的吶喊。
3. 暢快淋漓打一場籃球。
4. 發洩一番之後，讓我們在每一個寂寞的夜晚安然酣睡，明天又是全新的，充滿希望和活力的一天。

結語：人生沒有過不去的坎！

面對當前慘不忍睹的現實，我們必須學會勇敢面對和堅強，調整好自己的心態，放鬆自己，重新喚回迷失的自我，喚回我們失去的鬥志，重新激發我們對生命和工作的潛力、熱情和喜愛。人生最貴的東西便是時間，把時間及注意力集中在最喜歡的事情上，最重要的是，要讓自己每一天都充滿前進的動力。

在以上的方法中，只要能經常實踐其中的兩到三項，就可以確保你工作起來就像「一尾活龍」。持之以恆的話，說不定當你八十歲時也還是「一尾活龍」喔！

請你跟我這樣做

1. 跟自我設限說再見，如果不給自己設限，人生就沒有能限制我們綻放光芒的藩籬。
2. 培養正面積極的心境，要「問對問題」，也要「用對字彙」，把那些會挑起你負面情緒的字眼全換掉。。

第十一課　人生最大的風險，就是從不冒險

缺乏想像力和創造力次要，冒險犯難的性格不能少

身處死地不必怕，只要具備「明知山有虎，偏向虎山行」的魄力和行動，自能磨練出「置死地而後生」的性格和智慧。

有一位我的鐵粉王先生，在臺北景美溪旁突然遇到我，很興奮的靠過來，他豎起大拇指跟我說：「有田老師，您真是太認真了，看你在臉書天天發表一篇激勵內容的文章，很不簡單，需要很強的毅力恆心，是很大的挑戰，真不容易啊！」

沒錯！每天發表一篇一千字以上的文章，還真是一項有點困難的挑戰！只是一個人要活得意氣風發，讓生命更加璀燦，就必須有一定的夢想和目標才能竟其功。再加上有「明知山有虎，偏向虎山行」的性格、魄力和行動，才會活得比較驚心動魄，有驚奇、有驚喜和有驚嘆號啊！

如果你了解我，就會知道我在自己人生階段的發展意義都不同。

二十六歲開始寫文章，記錄工作心得；三十歲時在報紙、雜誌上寫媒體專欄，公眾演講，一不小心打開知名度；三十五歲接受出版社邀約密集出書，放大格局；四十歲的陸續寫作，是為了強壯膽識見識；五十歲後隨興所至發表文章，六十歲以後寫文章，則是為了三不朽的「立言」，到處演講是為感恩世人和天恩師德！

大家知道，成就與失敗的風險必定是相對，走過放在平地上的繩索不叫成就，沒有風險，成就自然不值得驕傲，也必然沒有喜悅可言。

所以，我目前的目標之一，也依然要在最短的時間內，立志寫下一本以激勵內容主軸的驚世著作。我的寫書計畫很簡單，就是逼自己平均每天要完成一千兩百字以上的內容。

把自己豁出去

我的大半人生是以演講為核心。二十六歲那年，生平的第一次演講，讓我懂得不怕丟臉，把自己豁出去，磨練出「置之死地而後生」的性格和智慧。

據研究指出，絕大多數人除了怕死之外，其次最怕的就是公開演講。我第一次公開演講就贏得最高的評價，原因就是帶著把自己豁出去的悲壯心情，並能夠適應最刁鑽的聽眾，融入當時公眾的步調。由於這次公開演講的激勵，讓我脫胎換骨，不再怕東怕西，讓我更有勇氣去開創和冒險其他事情。

事實正是如此，那次的公開演講，徹頭徹尾激勵和改變了我的生命。

我小時候膽子很小，如果有親戚來家裡，爸媽要我打個招呼，我都會躲到門後不敢出來。然而經過那次公開演講後，膽子變得越來越大，我發現沒什麼好怕的，大不了再來一次就好。

所以在三十二歲的人生關卡，我做了家人意想不到的冒險決定，選擇瀟灑離開薪酬優渥的國際級大企業，目的是為了想要擁有更多的自由而創業，因此，即使未曾有過經營企管顧問公司的經驗，我毅然決然全力投入。

沒幾年，透過創意和差異化作法，在企管顧問行業搶到一席之地，更令大家刮目相看的一件大事，就是打破同行互看不順眼又互不往來的惡習，並整合彼此聯誼、聯繫和合作，成立「中華民國企業經營管理顧問協會」。

由於大家全力支持我「明知山有虎，偏向虎山行」的幹勁，高票當選為創會理事長，然後，才有機會結合所有企管顧問公司及顧問師的力量，提升企業經營管理能力，拉開企管顧問的形象和地位。由於促進商業的競爭力，加速國家經濟建設大有績效，也因此獲得極佳的評價、影響力和話語權。

邁向成功之路

有一回，我接受某大媒體採訪，主持人請教成功之道，我說：「首先，沒有急切想呼吸般強烈的成功渴望，是很難脫穎而出的！」

主持人要我細加說明，於是，我趁機就說了一個長年傳頌的故事！

有一位年輕人，他想要追求成功之道，希望能在短時間成就大富大貴。他就去請教一位智者，見面後，年輕人懇求著：「智者，您可不可以教導我該怎麼做才能成功？」

智者就帶看著年輕人朝著海邊走過去，只見智者筆直往海裡走去，走著走著，走進海中央。越往前走水越深，就在這一瞬間，智者突然將年輕人的頭用力壓入水面下。

年輕人又驚又怕，奮力的抵抗，急於脫困，智者卻一點也沒有鬆手的打算。年輕人見性命不保，使盡全部力氣掙脫，約莫過了一分鐘，智者終於把手鬆開，年輕人立即彈跳出水面，大口大口吸氣。

「老傢伙，你想把我害死嗎？」年輕人很生氣大叫著！

「如果你渴望成功的意志，能夠像你剛剛急切想呼吸般強烈的話，你就已經邁向成功之路了。」智者回答。

這位年輕人恍然大悟，拜謝離去。

成功，還是需要一些冒險的個性！

除了要培養急切想呼吸般強烈的成功渴望之外，主持人追問我：「還有什麼更重要的條件嗎？」

我緊接著說：「當然有啊！」

主持人說：「願聞其詳！」

我說：「『不入虎穴，焉得虎子』是前進的終極動機，也是獲致成功最重要的條件。沒有冒險，沒有收穫，目標訂下之後，不是說說就算了，一定要強力執行，更要勇於嘗試，且冒險犯難，失敗了也沒關係。因為若不嘗試或冒險，就沒有成功的機會。『nothing ventured, nothing gained.』畢竟要在市場賺錢和成功，還是需要一些ＧＵＴＳ！」

寫書要有開創冒險的想法

儘管我日理萬機，也不願生活全被工作占據，每年依然維持寫作的習慣，並列為人生第一優先事項。我也從寫作中摸索出獨特的經營學，發展出與眾不同的演講主題和企業文化，讓生意和收入年年都有20%以上的成長。

有人好奇請教我：「為什麼要寫書？」

我是這樣回答的：「現在我寫書有比賺錢和打知名度更高的目標，第一是壯膽，唯有透過不同的寫作歷練，膽子才會大起來，不過不是莽撞的那種膽大。」

「第二是培養更強烈的獨立完成能力，寫作中碰到奇形怪狀的事情，得一人搞定，我常嚴格提醒自己每天要完成的字數，要求自己要說到做到。」

「第三當然就是激勵自己天天記得『不入虎穴，焉得虎子』的冒險精神啊！」

除了以上好處外，我經常找資料、材料之後，才會發現別人跟我們的價值觀截然不同，驚覺自己過去是以管窺天的井底之蛙，這樣一來，讓我更加想要突破現狀，更有開創冒險的想法和作法。雖然讓我碰到多次失敗多次，卻也能屢敗屢戰，堅持到成功的一刻。

結語：目標都訂了，還沒賺到錢，虎頭蛇尾是凶手。

同一個太陽，有旭日朝氣蓬勃的氣象，也有夕陽的漫天紅霞，時間的腳步對每一個人都是公平的，生命的精采當然自己來導演。

狗年來了，每個人應該「吠吠揚揚迎狗年」，只是狗年要行大運，還要記得，凡事不要狗眼看人低，也不要狗仗人勢，這樣是不會有好成就的。因此，你要不斷激勵自己一句話：雖是犬馬之命，常保「不入虎穴，焉得虎子」的積極思維，然後要不斷冒險犯難，活用新創意和堅定不移去完成，才會和成功結緣啊！

請你跟我這樣做

1. 不深入險境和大膽行動，就不能獲取勝利成功。開始行動不需要卓越，但是追求卓越必須先冒險行動。別一直擱著夢想，等待啟動的時機。
2. 放下書本，馬上去做一件令人驚訝的事情，這就是冒險的開始。狂笑可能被當成傻瓜，大哭可能被誤為多愁善感，向別人伸出援手可能會陷入風險。展現情感可能洩漏真情，和眾人分享你的觀念和夢想可能被取笑白癡，勇敢去示愛可能對方相應不理，活著隨時都可能死去，懷抱希望可能最後失望，嘗試可能失敗，但是冒險是必要的，因為人生最大的風險，就是從不冒險。

第三章 我很善良，也要雕塑更多正能量的性格

在華麗的起航前，
每個人一定要具備更多正能量的性格，
指導你在事業、金錢、家庭愛情等方面做足準備，
再度騰飛。

第一課　我永遠也不認輸，再創屬於自己的光芒

記得那年我因為長期晚睡熬夜壓力大，加上運動和營養不足，因而免疫力變差，突然得了讓人痛到睡不著的「皮蛇」，出現精神不濟反應。在復健的日子裡，復健師建議我，要療養我脊椎滑脫的現象，最好的方法是健走，努力伸展我的四肢。

當時臺灣全民正在瘋「健走」運動，我的忘年之交小甜甜跟著也開始「健走」，一走就是7K，只會在跑步機偶而跑步2K的我，心想：「我也要見賢思齊，開始健走。」開始有一股像小孩般不服輸的任性。

某一天下午茶時刻，小甜甜跟我分享了她長期「健走」的成果，她輕描淡寫的說，她為了減肥，逼自己每天「健走」，三個月下來瘦了很多，也花很多時間保養自己，健康和體能狀況越來越好。不知怎麼的，一聽完我就覺得如果小甜甜可以走7K，沒道理我不行，接著，就一骨腦的開始健走。

有時候，往往一個「不服輸」的個性，就能讓生命大不同

喜歡設定目標，用盡全力達成的我，馬上決定每天起床後就出門健走，看著以前我體壯如牛的照片，我告訴自己，小甜甜都可以持續健走，甩掉十公斤的肥肉，變得輕盈又苗條，擁有魔鬼般的身材，身輕如燕，我也可以透過健走找回我的健康！

那時怎樣健走都不懂的我，穿著一雙不起眼的健走鞋，一身短褲短袖，就沿著臺北景美溪河岸走了起來。甚至沒有向任何人請教，只是拿著手機，跟著既訂好的時間，起床後就按表操課，一心想著，天天沿岸健走八公里，肯定會有恢復更好體力的那一天！

就這樣，不管風強雨大低溫，只要不是颱風天，我就像沒了魂似的，一直健走一直健走一直健走。到了今天，這七百多個日子裡，我從不後悔走上這條路，因為每一次的健走，都像第一天健走那樣快樂和歡愉，如果真的要說有什麼事情可以帶給我持續不變的快樂，以及莫名無比的感動，那就是健走。

因為每一次的健走，我都可以感受到第一次健走超過８Ｋ的那一天，那一份傻氣，那股發現自己竟然可以完成連自己都不敢置信的一件事的感動。我很慶幸自己有一股不願服輸、設定了目標絕不放棄的倔強性格，因為有那樣的我，才會有今天能夠持續健走８Ｋ的自己，找回原本健健康康、剛猛強健的我，保持年輕如故的我。

成敗的關鍵

大家的ＩＱ都差不多，不要比誰會成功、誰會失敗，要比的應該是「誰比較努力」。努力定成敗，成功的關鍵又是什麼？我覺得應該是後天執著、始終如一的付出，也就是每個人努力不懈的倔強「個性」。

什麼是「個性」？「個性」是人們「持續」、「穩定」的心理行為特質。有的人霸氣，有的人懦弱；有的人斯文，有的人魯莽；有的人遇到問題就舉手投降，有的人越挫越勇……「個性」也可以看成是一個人的脾氣，不論如何稱呼，實際上它決定了人們積極的程度和命運的好壞。

像經營之神的郭台銘，擁有不服輸、不願受人控制的「個性」，奮鬥多年的倔強，終於收購了日本夏普。

郭台銘不服輸，努力程度自然超越常人。在收購日本夏普的過程當中，由於不願被日本人控制，就下定決心把企業經營、企業併購和投資的相關法令規章研究得一清二楚，求知欲強得令人不敢置信。我剛踏入社會時，就聽前輩們不斷說過「**個性決定命運**」這個詞，心裡有點懷疑。

如今歷經多年的風風雨雨，看的人越多，感受越發強烈，我們一生的成敗不是決定再聰明才智，而是倔強的積極「個性」。當然不是說聰明才智不重要，只是它不是決定勝敗的第一關鍵。

根據我的觀察，每一百個人當中有二十個聰明人，這些聰明人中間，具備不服輸個性的，可能不到一個。

明白嗎？有聰明才智的人比比皆是，具備不服輸、倔強「個性」的人真是鳳毛麟角。

稀罕的是倔強的「個性」，不是聰明才智

倔強的「個性」實在太重要了，它幾乎決定了人生行程中總總事件的成敗。

我一直相信，態度決定想法，想法決定行為，行為養成習慣，習慣養成個性，個性決定命運。所以，正面來說，如果改變態度，改變想法，或許就可以改變個性，進而改變命運。

相反的來說，如果不能改變個性，命運也不會改變。

糟糕的是，我的經驗是，多數人的個性非常難以改變。

例如我三十歲之前的個性是開朗、喜歡社交、主動出擊去搞好人際關係、和酒肉朋友餐敘、心靜不下來。而後因知道三不朽中「立言」的重要性，立志一定要寫一本書，留做人生的紀念，才開始養成博覽群書、整天獨自思考的「個性」，也因此慢慢遠離酒色財氣的社交生活。

一開始非常不習慣，甚至感到無聊寂寞，但是日積月累慢慢改變了自己，終於寫下了六十本

書，有了一定的影響力。如今最怕吃沒有意義的應酬飯，更討厭和一群半熟不熟的人餐敘。如果能夠不要等一個人，自己喝一杯熱茶，靜靜的看一本好書，感覺就是人生至高無上的幸福。

結語：改變一個人的個性，並不容易

這樣的改變是逐漸形成的，光是幾天是無法做得到的，幾個月也不夠，通常需要一年甚至好幾年的歲月。接受並為你擁有的良好性格感到欣慰，從自己的性格中獲取能量。只是人越老，個性越難改變；人越老，個性表現得也越強烈。假如你有不健康的個性，趁年輕時早一點改，否則等到齒搖頭禿了，想改卻改不了，不單是你的痛苦，你的家人也會同樣痛苦。

請你跟我這樣做

1 輸的時候惱怒和抱怨都是無濟於事的，設法找到解決問題的辦法，才能讓下一次有贏的可能。

2 人生的光榮不在永不失敗，而在於能夠不服輸，縱使失敗還是要站起來再戰一次。

第二課　只要具備積極進取的性格，有能力激勵自己和別人，並大放光芒

美麗的夢想比不上積極進取的性格，積極進取的性格讓人精力更充沛，加上腳踏實地做事，倔強的開始行動，很少有克服不了的困難。

生活中，每個人都會面對來自四面八方的壓力，壓力來源可能是事業、升遷、婚姻、病痛、失業、喪偶、失眠、遷徙、生活作息改變、與人競爭、意見不合、事情太多而沒有足夠時間去處理等等。

但是我們可以藉由均衡的飲食、充足的睡眠和適當的運動，來紓解生活上的壓力，定期隨同家人出外散散心，安排休閒娛樂，給自己輕鬆片刻，接近大自然，心情會比較舒暢些，也可以用樂觀的情緒看待每一件人、事、物，每天保持三大笑，煩惱死翹翹。

你可以藉著積極進取的個性，倔強採取行動，與成功和快樂碰頭

做任何工作，只要培養「積極進取」的個性，不在乎別人的指指點點，大量去做對事情，就算再晚也不遲，絕對會有好結果！

如果你夢想成為世界首富之一，我勸你可以先從行銷基層工作開始做起，這肯定是實現夢想的第一步，因為世界首富，出身最多的就是參與行銷與做市場企畫工作的人。

做行銷企畫工作，要藉此鯉躍龍門，你就應該在工作上建立積極進取的個性，來看待每一件人、事、物，做一個積極進取者，表現出一定的倔強、不怕吃苦的精神，學會比常人付出更多。

真正的快樂，是對工作的樂觀，對工作的積極進取，對事業的倔強。

我看遍職場百態，企業員工分三種，第一種人是「牢騷滿腹型」，他們永遠抱持著悲觀失望的情緒，總是在抱怨他人與環境，認為自己什麼事都不如意，都是由環境造成的，也常常自我設限，使自己的無限潛能無法發揮。

第二種人是「得過且過型」，他們從來都是按時上下班，按部就班，職責之外的事情一概不理，分外之事更不會主動去做，不求有功，但求無過。一遇挫折，他們最擅長的就是自我安慰：

「反正又不是我業績不好，大多數人還不是像我一樣無法完成目標！」

第三種人是「積極進取型」，經常可以看到他們忙碌的身影，他們熱情的和同事們打招呼，有著積極樂觀的情緒、精神抖擻、永遠要爭第一。他們總是積極尋求解決問題的辦法，而且脾氣很倔強，即使是遇到莫名其妙的拒絕，或原本到手的訂單突然失去，也是如此，他們根本不認輸，還會想方設法扳回來。

因此，他們總能讓希望之火重新點燃，繼續奮鬥下去。同事們都喜歡和他們接觸，他們雖然整天忙忙碌碌，但卻始終保持「樂觀」和「進取」的個性，時刻享受工作的樂趣。請問，你是第三種人嗎？

地球上沒有任何東西比「個性」有更大的影響力量

你可以藉著軟弱的消極悲觀，個性走向失敗和不快樂，你也可以藉著倔強的樂觀個性，迎向成功和快樂。

一、屢敗屢起的個性重要，積極進取倔強的個性更重要

由於世事「無常」，所以要相信面對種種挫折時，終究都會雨過天晴，而這就是「積極以對」的觀念和方法。

半杯水是半滿還是半空，主要看你是在倒水入杯或倒出杯。只要你能調整成正面的心態，選擇積極進取、利用好的方法，有計畫、有策略、有方案、有步驟的去做，加上倔強的堅持，最後必然可以越過任何的高牆，爬過這一座高山，游過這條河，然後「柳暗花明又一村」，以及「兩岸猿聲啼不住，輕舟已過萬重山」。

二、積極進取且倔強的個性決定好的結果

一個人的態度直接決定了他的行為，決定了對待工作的方法和結果，你是盡心盡力還是敷衍了事，是安於現狀還是更加積極進取？

將那些負面情緒拋諸腦後吧！態度越積極，決心越大，對工作投入的心血越多，那麼，從工作中所獲得的回報也就自然的更為理想。

正面情緒就是競爭力，積極進取的工作態度，始終是你脫穎而出的砝碼，擁有它，你將在競爭激烈的市場上走得更順利。

三、**喜歡創新和大量進行變革**

未來的頂尖行銷者，肯定是要有創意，且能提供完整的解決方案。他們從學習中不斷成長，不墨守成規，不蕭規曹隨，喜歡創新，能另闢蹊徑，以創新的思維和前瞻的眼光，開創出另一片天空。

積極進取且倔強的人，看到的是「目標、願景、希望與夢想」；消極悲觀的人，看到的是「徬徨、無助、不知道生命出口在哪裡」，而自怨自艾。你要凡事積極樂觀，要倔強面對問題，勇於變革和解決問題，這樣，終將在地球上成功致勝。

不要被消極悲觀吞噬掉

我聽過「知見心理學」創始人恰克博士說過一個故事：

有一個年輕人偷了鄰居家的一隻狐狸，結果，鄰居找上門來了。

這個年輕人正襟危坐，若無其事的與鄰居談笑風生。他把狐狸藏在他的腰間，當他正與鄰居聊天之際，狐狸開始一小口一小口吃他的肉，那個年輕人忍著劇痛，表現一副若無其事的樣子，結果，鄰居剛走，他就馬上去極樂世界報到了。

結語：吞噬我們的力量，是我們軟弱的個性！

人生是不斷做選擇並「被拋向未來」的行程，我們不可能像電影《回到未來》（Back to the Future）那樣，試圖造訪過去，改變歷史。我們也不可能像經典浪漫愛情電影《似曾相識》（Somewhere in Time）那樣，回到昔日美好的時光。

過去屬於回憶的珍藏，未來才屬於我們。要有什麼樣的未來人生，就必須擁有什麼樣的個性去創造，只要積極進取且倔強一點，就有美麗幸福的人生，反之則否。

外在的一切境遇都是次要的，重要的是看你的頭腦如何來解釋，和如何展現什麼樣的性格和倔強。

請你跟我這樣做

1.路是腳踏出來的，歷史是人寫出來的。人的每一步行動都在創新，且完整解決方案的提供者，不墨守成規，不蕭規曹隨，另闢蹊徑，以書寫自己的歷史。

2.將犯過的錯誤都記錄下來，讓自己未來可以減少再次犯錯的機會，或者可以成為以後檢視自己某次錯誤為什麼會發生時的憑據。

第三課　一個滿懷自信的人，要比一百個謹慎太過的專家強得多

真正自信的人很少有遲疑的態度，他們永遠準備好，並且等待機會和懂得鼓勵別人的特質，他們這樣讓自己更快樂，更快綻放光芒！

日前在臺灣菁英婦女企業協盟的「社會企業和藝術傳媒」座談會上，巧遇許久不見的媒體名人童中白女士，看她的舉手投足、言談內容和服裝打扮，跟過去一模一樣，滿滿的自信心。如今她對自己的地球環保事業充滿了相當程度的「自信」，令我敬佩不已，說童中白是人生勝利組，一點都不為過。

童中白曾主持過臺灣第一個夜間談話性質節目《今夜》，擔任三立新聞臺、中天電視臺、東森電視臺主播與節目主持人，經過許多的閱歷經歷，她對地球人類未來的關懷與行動，延伸成立了一個全新的綠色網路媒體——亮生活，現在是「亮傳媒」創辦人、《ＳＮＨ和諧與自然》紀錄片製片人、大愛電視大愛二臺《幸福銀髮讚》主持人。

人生勝利組都具備一定「自信」程度的性格

凡事不可能皆順利，在工作旅途中，總會有落魄、失意的時候；在情場上你偶而會失戀，職場上你有可能會遇到不能欣賞你工作能力的老闆，完全就是癱倒在椅子上不想前進，腦裡一直回放當時發生的種種，不斷的唉聲嘆氣，以至於對自己沒有「信心」，喪失了「自信」。

怎樣才能重新建立「自信」的個性？我認為除了隨時保持整潔、得體的儀表，有利於培養一個人的「自信」性格之外，當別人講話時，你只要認真傾聽別人講話，他們就一定會喜歡你，讓你信心大增。聽演講時盡量搶坐第一排，聽到精湛的內容時，以熱情的心情透過雙手用力鼓掌，也是找到「自信」的方法。

當我進行培訓上課時，學員進行分享相關的經驗後，我總是習慣性要求同學給他熱情的掌聲，因為透過熱烈的鼓掌，可以產生三種力量：

一、鼓勵別人的力量

鼓勵別人，眾所周知，每個人都做得到，但是卻很少人願意真誠、真心、真意的用力拍手鼓勵別人！

二、**激勵自己的力量**

鼓掌不只能鼓勵別人，還可以促進血液循環，常保身體健康，讓整個人全身充滿熱情和活力，更是激勵自己最強而有效的方法呢！換句話說，在組織團隊中，可經由團隊夥伴們的相互打氣砥礪，進而增加個人追求成功的「信心」。

三、**健康的力量**

當我們以熱絡的心情透過雙手用力鼓掌時，此時，你感覺到的是手掌心紅通通的，頓時感到全身散發出熱量，整個血液跟著活絡起來，想不到鼓掌竟然有如此神奇、活力四射的魔力。

自信是「態度」也是「個性」的延伸

你的一舉一動有一定的影響力。你知道嗎？經驗老道的專業人士，他們從和你第一次握手的那一刻起，就已經察覺得出你有沒有「自信」。他們觀察你走進來的模樣，你的言談舉止、穿著打扮，以及你會不會直接和別人眼神交會等。他們還會注意你的坐姿及雙手怎麼擺，這一切都透露了許多關於你的線索，影響你和別人的關係能否更上一層樓。

年輕時，我曾經在青年演講大會中贏得第一名，也擔任過演講教練演和比賽評審。還記得在我第一次帶領學生參加演講比賽後，曾經請教一位資深評審，我先說明我一直在訓練參賽者，但對於選拔流程感到非常困惑：「你怎麼樣決定誰最出色呢？我一直在輔導這些青年，他們全都口條佳，說話流暢，又才華洋溢，你怎麼做決定呢？」

評審回答：「當然啦！演講過程很重要，但是他們一走進來，坐在我面前時，我已經曉得誰會脫穎而出了。」

他指的就是「自信、儀態、自我展現」的風采，是融合了「態度、儀表、舉止、肢體語言」和個人風格之後的結果。即使一語不發，內在的美麗和「自信」也能表露無遺。

這位評審的話十分具有啟發性，千萬要記住，無論在職場上或日常生活中，我們不斷受到別人的評斷。第一印象、初步的評斷和建立的關係都提供了關於你的重要訊息，因此展露「自信」的能力特別重要。我要再度重申，綜合起來構成「第一印象」的這許許多多小細節，可能比什麼都重要。

培養自信五步驟

至於如何追求「自信」、培養「自信」？「自信」是一種心態，可以由外而內養成，你可以參考下列五個步驟來養成：

一、**先從自我察覺開始**

就是先從認識自己開始，靜下心來面對自己，先了解自己是什麼、擁有什麼、缺少什麼、想追求什麼？想一想「我是誰？」因為它是一切追求改變與認知現實的基礎。

二、**立志為自己負責**

當我們發現自己是什麼、想追求什麼之後，緊接著就是一連串的抉擇，因為是「我」在做抉擇，決定要如何做、如何過一生，所以我也必須以成熟的心態，勇於承擔自己的責任，沒有別人可以替代。

三、**驅使「好奇心」與「學習心」**

對周遭一切人、事、物，永遠保持好奇與學習的心態，試著不斷去觀察、了解、省思，讓自己不僅像一塊海綿一樣吸收新資訊，也讓頭腦的判別機制發揮篩選作用，去蕪存菁，保有敏銳的判斷力和有彈性的思考能力。

四、培養「包容、關愛、和分享」的能力

包容與關愛，使受限制的自我從狹隘的框框當中釋放出來，這樣才有機會從不同的立場和角度來看待事情，得到全新的體悟，並獲得別人同等的回饋。

五、身體力行，冒險並採取行動

激勵自己勇於嘗試，展現行動能力，能夠真正起而行，從逐漸熟悉的感覺真的會有增加「自信」的效果。

你就是自信的駕馭者

心理學家指出，你本來就有「自信」，因為你從小到大其實已經做成功了很多事，譬如游泳比賽得了冠軍、親手做了一盤水果拼盤……。只是有許多人是在進入社會工作之後，反而流失了

「自信」的性格。

你也必須明白，建立「自信」的性格，你不能指望別人，「自信」必須來自你自身生活中的一點好習慣。如換一雙乾淨的鞋子、保持書桌的整齊、減掉一些體重……，也許只要三分鐘，你就能增加一點自信。經常對自己說：「我能行，我一定行！我一定做得到！」甚至當成口頭禪，也是好方法。

不論我們的理想和目標是什麼，維持追尋夢想的「熱情」是必要的。

建立「自信」的倔強性格，立志成為一個自我實現的人，可以幫助我們成功擺脫壓力和盲目的束縛，施展無限的潛能，左右逢源。

最後再提醒你：當我們相信自己會是什麼樣子，期待自己會有什麼表現，真的就會往那個方向去走，這種「心想事成」的力量，就是心理學上所謂的「自我實現的預言」，真的會發生很大的作用喔！

結語：刻意練習才會有自信的個性

我每到一個新地方出差，總喜歡到街巷和冷僻的角落去尋幽訪勝。有時難免會暫時迷路，但我心中都有一定的把握，自信能記起回住處的路線，否則便會感覺不踏實，人生過程也是如此。

要培養「自信」的個性，不能只靠嘴巴說說卻沒真材實料，不然到頭來只是自欺欺人罷了。要養成真正的「自信」，就要反覆練習，做得不夠好、不完美，就要一再練習，就像一萬小時刻意練習的原理，必須不斷學習、訓練。熟悉這項技巧之後，困難就不再是困難，因為你知道自己已經駕輕就熟，「自信」也能油然而生。

史上眾多傑出的企業家、作家、發明家能創造出非凡的成果，並非因為他們的天資聰穎，做任何事都能一蹴可成，而是他們有相信自我的信念，不被「失敗」打敗，才能一戰再戰直到成功。

請你跟我這樣做

1. 站姿能傳達出一個人的自信。站姿挺拔，假想有一條線拉著你頭的頂部，身子會自然而然挺直。
2. 找機會和時間當義工，幫助別人能讓你肯定自己的價值和能力，幫助你馬上轉換好心情，讓你更有自信。

第四課　擁有快樂性格，容易感覺自信、樂觀和充滿活力

有快樂性格的人會與人分享自身的喜悅和知識，與他人分享他們的智慧、歡樂或對生活的熱愛，並盡力教育自身的社區、團體或親朋好友，這是保持前進動力，綻放光芒的一大信念。

不久前，我到一家保健品公司演講：「如何接受逆境的勇氣？」演講完畢，許多學員要求簽名時，我總是會不厭其煩加上「**追求快樂**」四個字，做為激勵大家的座右銘。

看他們綻放出「開門見山後，拈花微笑」的臉龐，我內心很清楚知道，追求快樂，果然是大家生命中要達到的最高峰境界。

是的！追求快樂，並得到快樂的人生，是每一個人一生中最重要的心願。

你知道嗎？**世界上沒有比「快樂」更能使人青春美麗的化妝品。**

「快樂」的定義是什麼

如果你老是想著過去與未來，你會快樂嗎？你總是喜歡跟別人比較，你會快樂嗎？

很早以前，中國廣播公司有個熱門節目「快樂時光」，每天主持人一開場就會問：「快樂是什麼？」有趣的是，幾年下來，聽眾、來賓的回答沒有一次一樣的。

有人說，快樂是收到一份真的很喜歡的禮物；有人說，快樂就是每天睡到自然醒；有人說，快樂是利用午休時間和情人約會；有人說，「快樂」是到北極看極光。老師的「快樂」是得天下英才而教之，學生的「快樂」是放寒暑假，老闆的「快樂」是生意興隆，鈔票數不完，員工的「快樂」是領到大筆的年終獎金……

有人問我：「有田老師，快樂的定義到底是什麼？」

每個人對快樂的定義不同，我以為快樂的定義就是：「和一群正能量的朋友們一起喝下午茶，說一說開心的事情，珍惜難得片刻，就是永恆。」

「快樂」的定義與感覺會隨著時空、身分而改變，你的「快樂」是什麼，只有你自己知道，也只有你自己可以主宰你的快樂。

有一位賣豆腐的先生，經常送豆腐到廟裡，他看到師父每天在參禪、打坐，於是好奇的問：「師父，你在做什麼？」

師父告訴他：「我在追求人生的究竟。」

他表示自己想學打坐，靜坐了一會兒，他突然大叫：「有了！」

師父驚訝問：「有什麼？」

他說：「我悟道了！我想起來了，十五年前，隔壁老王欠我的豆腐錢還沒還！」

為了幾文豆腐錢，記掛了十五年，心靈怎能平靜？紅塵世事拿得起、放得下，才能自在，才能「快樂」啊！

控制自己的欲望

追求「快樂」最簡單，入門方法就是「控制自己的欲望，而不是試圖去填滿自己的欲望」。

世事無常，事事都知足的話，「知足」就是「快樂」。

物欲無邊，簡單夠用就是「快樂」。

很多人無法「精神奕奕、生龍活虎」的過日子，活得很不快樂，是因為他們不是為自己活，而是為了「表象的我」而活。

生命太短，何必要比較？

為什麼別人可以魚翅燕窩，我只能吃青菜蘿蔔？為什麼別人開法拉利，我只有小豐田？

為什麼別人可以買千萬的別墅豪宅，我只能住公寓？

為什麼我的爸爸不是郭台銘？

為什麼我的女朋友不像蔡依林？

人比人，真是氣死人，生活中的人事物接踵而來，真要比較根本比不完，只會使你對自己更不滿。

為什麼你不「快樂」？可能是你把一生的「快樂」建立在物質的成就感上。物質的欲望是沒有止境的，永遠有人比你擁有更多的享受。跟物質的欲望賽跑，你永遠也追求不完，也永遠得不到滿足。

請記住！我們每一個人都不完美，因此，沒有人過著完美的人生，請把目光專注於你僅有的一生，盡心而為，不必貪求太多，自能不枉此生。

簡單來說，追求「快樂」有兩條路徑可以供我們選擇：盡量減少欲望或增加擁有物，其中任何一條路都暢通無阻！

別再比了！你開「法拉利」，還有人開「專機」呢！

你買「超豪宅」，還有人買「小島」呢！

你一年賺兩千萬，他一年賺二十億！

怎麼比都比不完！

為什麼不想一想，有人連青菜蘿蔔都沒得吃、有人只能騎破腳踏車、有人還住在組合屋、有人……

聖嚴法師提醒世人說：**「現代人需要的不多，但卻要的太多，現代人常因為盲目追求物質的生活，反而忽略了最真實的需要。」**

所以，一味追求金錢和財名權利，最後終會成為物質的奴隸，反而不快樂。

你在天堂嗎？

一個人的富有程度，和他捨得付出的東西成正比。

保有「快樂」的性格，有捨有布施，並利益眾生，不但可以親手打造人間天堂，並能成就快樂的人生。

有一個人死後，天使向他說：「我帶你去地獄看看。」他到了地獄，走進一家餐廳發現，這裡有最棒的音響、最好的冷氣，餐桌上有最高級的餐具，大家圍坐在餐桌旁，桌上擺放著豐盛的山珍海味。

他心想，地獄真好！難怪佛家說：「我不入地獄，誰入地獄？」但他仔細一看，奇怪的是每個人都沒有笑容，表情非常不「快樂」。

天使解釋說：「他們的筷子都很長，每個人夾到菜後拚命想往自己的嘴巴送，卻怎麼也吃不到，所以大家都很痛苦。」

然後天使帶他到天堂參觀，他看到一幕和地獄一樣的景象：最棒的音響、空調、最高級的餐具，一群人正在享用山珍海味。不同的是，每個人臉上洋溢著快樂的笑容。

天使又解釋說：「他們的筷子也很長，但是他們夾了菜之後，就往前方夥伴的嘴巴送，你一口、我一口，我餵人人、人人餵我，大家吃得不亦樂乎。」

一樣的物質環境，卻因為不一樣的「心態」和「性格」，而產生兩極化的結果。在天堂裡，人們願意為對方付出，收穫最大的反而是自己，付出的代價就是「喜悅」。

請銘記在心：只為自己著想的人，一定會錯失來自為人付出的喜悅。

結語：走到野心的盡頭

有一個諺語說：「野心的盡頭，是快樂生活的起點。」

快樂是具有傳染力、是富有熱情的，不要吝嗇自我的付出貢獻，因為當你懂得無私奉獻時，所得到的收穫更是無比巨大的。

請記住！快樂在於「喜好」，不在於東西本身；我們之所以快樂，是因為擁有自己喜歡的東西，而不是因為擁有別人喜歡的東西，你同意吧！

請你跟我這樣做

1. 凡是懂得感恩，可以擁有更好的事業和生活。懂得感謝身邊所有事物的人，會比較樂觀、熱情、關注他人和充滿能量。
2. 快樂的第一來源是專注當下，當你聽喜歡的音樂的時候，閉上眼睛仔細品味，讓自己和喜歡的事情合為一體。增加快樂的方式還有回憶，回想曾經快樂的時光，當下也會感覺愉快。

第五課　別讓自己變得不開心！快快培養樂觀性格散發正面能量

樂觀個性是綻放光芒之源，悲觀性格是光芒黯淡之因。人生的道路都是由你的心和性格來描繪的。所以，無論自己處於多麼嚴酷的境遇之中，心頭都不應為悲觀的思想所縈繞。

還不到三十歲的小王，有強烈企圖心和極強的產品專業知識，外貌堂堂，人緣好，口條非常流暢，說服工夫也爐火純青。照理說，應該有很不錯的績效才對，然而他的績效卻一直很差。

其中原因，可能是他認為景氣如此低迷，所以有點懶散，不想多努力一點，少了些「樂觀」的性格和作為，他打從心裡認為現在的顧客口袋很淺，不相信顧客願意掏錢買東西，缺乏積極性和主動性，守株待兔，所以業績總是「差強人意」。

還有半杯水還是只有半杯水

看到半杯水，樂觀的人說：「我還有半杯水！」而悲觀的人說：「我只有半杯水。」雖然只有一字之別，但兩種人面對生活的態度完全大異其趣。

據知，美國研究人員經過八年的跟蹤調查發現，相對憤世嫉俗性格的女性，性格樂觀的女性死亡率低14%，罹患心臟病的比率低9%，患糖尿病、高血壓及高膽固醇的比率也比較低。樂觀女性往往比悲觀女性長壽，而高度憤世嫉俗的女性，則比輕度憤世嫉俗者死亡率高16%，而且通常去世較早！

樂觀是成功之源，悲觀是失敗之因

「行銷或服務業」是一種壓力大、挫折多的挑戰性工作，需要特定的性格，「樂觀」確實能給人注入活力、激發鬥志，帶來較好的好結果。請銘記在心：**這個世界屬於凡事「樂觀」的人，才能有一定的成就**。

一個人充滿了悲觀的思緒，毫無磁性、心存疑慮、猶豫不前的性格，心中預期自己「可能會被拒絕」的心態，要拿到大訂單，可能相當困難。縱使外在環境很差，只要懷著美好的憧憬和希望，樂觀以待，然後，從美好的幻想和憧憬中汲取力量，常會帶來意想不到的結果。

面對光明，陰影永遠在我們身後。擁有「樂觀」性格的人，對行銷工作充滿了高度的期望，他們積極、熱情、自信、堅毅，深信不做則已，一旦出馬必能滿載而歸。所以，當你接受了一份行銷或服務的工作，「樂觀」將是不可或缺的心理元素。

從現在開始，不要再讓自己沉溺在負面事物中，凡事要往地方看，樂觀一切。

「樂觀」的性格讓人勇敢奮鬥下去

當前景氣越來越差，我們究竟要如何積極面對如此糟糕的景氣呢？一位知名企業家語重心長說：「方法不少，最重要的還是要有『樂觀』的性格，以及奮鬥、生存下去的意志和決心。」

面對如此慘不忍睹的景氣，人們也是有兩種截然不同的詮釋方式！

悲觀的人，整天老是埋怨景氣；樂觀的人，每天努力建立人脈創造人氣。悲觀的人，被動等待機會；樂觀的人，主動創造機會。悲觀的人認命，任憑時勢擺布；樂觀的人造命，殺出一條血路。

詮釋事物的方式很重要，請務必小心你詮釋的方式，詮釋方式不同，將決定你未來前程似錦還是一事無成。

你可以對景氣悲觀，但要對未來樂觀。你可以對工作悲觀，但要對績效樂觀。

想想看，悲觀看壞未來世界的行銷人員，怎麼可能會鬥志高昂、百折不撓，贏得鉅額訂單，最後成為一位出類拔萃的傑出人物呢？

其實，「樂觀」和「悲觀」都是一種心靈的力量，每個人都可以自由選擇，讓自己成為一個樂觀或是悲觀的人。

總之，絕對不要輕易選擇做一個悲觀面世、失去磁性的人，一定要做一個凡事樂觀、充滿憧憬和希望的有磁性的人。因為唯有如此，才能為你的工作和事業吸引到更多的「活力、快樂、績效和數不清的滿心歡喜」。

有目的的培養自己樂觀的性格

培養樂觀的性格最有效的辦法之一，就是「持續接受正面的資訊」。聽一聽愉快、鼓舞人的音樂，多聽、多看、多說一些圓滿結局的故事。

如果可能的話，和一位樂觀者共進早餐或午餐，經常有意識的和積極樂觀的夥伴聚在一起，從這些人身上獲得「樂觀」情緒的感染，引發自己的積極心態，同時，你要下定決心，用「樂觀向上」的精神支援你的銷售或服務性的工作，

千萬不要因一時不景氣而看壞一切，也不必因暫時的不順利、困難或挫折而灰心喪氣，抱著

必定大雨後彩虹會出現的信念，以極大的幹勁，勤奮不倦地做好應該做的事情，就是鹹魚也會翻身的。

逆境過後，否極泰來，順境馬上就會出現在眼前，冷颼颼的冬天過後就是和暖春天。

讓積極「樂觀」的性格經常伴隨著你，我保證你的銷貨服務性事業肯定蒸蒸日上！

再確認一下，你是個樂觀而有磁性的人嗎？接著，讓我們再溫習一遍，為什麼具有樂觀性格和特質的行銷或服務業人員，績效和收入總是比缺乏樂觀性格的人高出許多呢？答案很簡單，因為他們從美好的幻想和憧憬中汲取力量，行銷時遇到不順心的人事物，保持美好的幻想會使他們有較好的情緒，比較容易應付變局，更有效解決問題，可以使他們永遠保有希望，一再戰勝逆境。

請銘記在心：**這個世界屬於凡事樂觀的人**。從現在開始，不要再讓自己沉溺在負面事物中，時時刻刻展現出積極樂觀的情緒吧！

☑結語：懷著愉快的心情談起悲傷的事情，悲傷就會煙消雲散。

沒有人能否認「樂觀」的重要性，有許多人諳熟專業知識，說服技巧也可謂爐火純青，為什麼績效和收入老是乏善可陳？原因無他，因為他們少了些「樂觀」的性格、情緒和作為，打從心裡自己有辦法爭取更多或表現更好，所以績效總是差強人意，樂觀確能帶來好結果。

記得有一位企業家這樣說：「人生的道路都是由你的心態和個性來描繪的。」所以，無論自己處於多麼嚴酷的境遇之中，心頭都不應為悲觀的思想所縈繞。

請你跟我這樣做

1保持笑容可以馬上停止不開心的悲觀情緒。雖然保持笑容聽起來稀鬆平常，但是它是最有效的方法。當你笑著的時候，你的大腦會收到釋放腦內啡的訊息，腦內啡是一種可以令你產生愉悅感的賀爾蒙，當大腦產生越多的腦內啡，你就越會越樂觀和開心。

2.要和樂觀的人做朋友，不要選擇跟消極悲觀的人做朋友！當你失落低潮的時候，真正的朋友會激勵你，而不是把你推進更深的谷裡。如果只是一個總是吐槽你、讓你更沮喪的爛朋友，勇敢跟他說再見吧！

第六課　具備自我激勵的性格，就可以幫自己走出情緒低潮

有時候因為被罵工作沒腦袋、對工作產生倦怠、失業、被戀人給甩了、失婚、經濟冷颼颼，陷入低潮時真的會覺得自己很孤單，做什麼都不行，要從谷底爬起來，我們所需要的是：自我激勵，激勵出勇氣和信心！

剛才參加一個社交活動，碰到一位五年前認識的紛絲，茶敘時刻，他請教我：「我正在追求創業的夢想，已經很努力，比別人晚睡，比別人早起，可為什麼依然離目標很遙遠，忍不住開始懷疑人生！當前經濟冷颼颼，客人不常上門，生意越來越差，新創事業的本錢快要燒完了，心情突然降到谷底，要擺脫低潮，奮戰求生最重要的條件是什麼？」

我說：「除了客觀因素無法克服之外，擺脫低潮的首要祕訣之一，就在於輸入積極正面的想法，先說服自己，認定一切不會再差下去了，否極泰來，春天就要來了，肯定一切都會變得越來越好。」

胸有成竹，可以縮短低潮的時間

當出現生活「低潮」的時候，光想著逃避是無濟於事的，甚至狀況會越來越糟糕。

每當我不開心的時候，或是對人生失去信心的時候，我會默默在心裡告訴自己——好好大睡一覺吧！明天醒來又是嶄新的一天——有時很管用，有時卻依然如故，這時候我覺得既然根本無處可逃，那就把問題掰開揉碎，直接面對它了。

事實正是如此，如果生意不順的話，給自己多打一點氣，凡事保持一定的樂觀期望，就會充滿自信。如果再運用一定的謀略去面對，加上永不放棄的性格做後盾，屢仆屢起、鍥而不捨的毅力，以及嫻熟有效應對的溝通技巧，一切一定會變好的，又何懼之有？

請永遠記在心頭：假如你養成了毫無鬥志就放棄的習慣，你最好趕快找份固定薪水的工作，向創業或行銷的工作告別吧！

縮短低潮的時間，讓成功的時間多一點點！

在你努力接受和應付來自四面八方的不順或挫折時，要如何激勵自己、振作精神，維持繼續工作的積極態度呢？

我認為，餡餅不會從天上掉下來！從事創業或行銷的工作，有誰可以事事順遂，可以不費吹灰之力，很輕易就賺到大筆大筆的鈔票的呢？答案是：幾乎沒有。

每一個人都有跌倒過的時候，即使是行銷或服務業界的傳奇人物也不例外。

我認識一位叫劉邦寧的壽險行銷戰將，他帶領的行銷團隊曾贏得南山人壽公司的第一名，他誨人不倦的告訴世人：「行銷成功的關鍵就是：時間運用是致勝關鍵，重點在縮短你陷入低潮的時間，讓成功的時間多一點點！沒有人可以贏得每一場行銷，這是我從苦難中學來的道理。在我行銷的第一天，我得到了七個約會的機會，卻遭到了七次拒絕，這種情形在每個人身上都可能發生。克服挫折的最好方法，莫過於樂觀以對，再站起來，繼續努力以赴。」

任何一位成功創業或行銷服務人員都會告訴大家，每一個「不」都能使你更接近「是」。艱困不會長久，要「Do Again」，再試一次。

因此，我深信打破低潮的唯一法寶，就是遇到任何挫折，不輕易放棄，打退堂鼓，設法勇敢迎擊任何的挫折。應該激勵自己要振作精神，更加努力一點，更加機敏的工作，持續開發客戶並和客戶不斷聯繫，每天做加倍的活動和拜訪，並安排一定目的的約會，直到成功為止。

不怕低潮，低潮沒有什麼好怕的！

我認為身為一個創業者或專業行銷者，追求高績效賺到錢，一定要忍受大量的拒絕和挫折，千萬別任由命運來擺布！

挫折出現就一笑置之，坦然接受，不要氣餒，最好有不計代價、堅持辛勤不懈工作的毅力，這是克服低潮時激勵的另一帖靈丹妙藥。

持續大量的行動，不要一直在夢想中，應該從低潮中走出來付出行動。

永遠激勵自己：**「不怕失敗，失敗沒有什麼好怕的！」**並且大聲告訴自己：「我要讓失敗來磨練我的意志，讓我更加堅強；我要讓失敗來鍛鍊我的能力，讓我更加有力。我要讓失敗來開導我的思維，讓我更加聰明；我要讓失敗來增加我的經驗，讓我更加老練。」

告別恐懼，特別是對失敗的恐懼，你馬上就可以所向無敵！真正的力量來自於對自我的激勵，成功與否，取決於能不能馬上激勵自我，戰勝自我。

要讓自己每天都能維持「高速檔」，積極有勁面對一切是有方法的，知道去做，我們的事業必定會更順利，個人生活會更多姿多采。方法如下：

1. 透過讓人按摩、跳舞、唱歌，或是到海邊走一回、跑步、聽音樂調整身體的狀態，給自己一些生理上的刺激！

2.多與有正能量的朋友互動，一起喝下午茶、餐敘。
3.多回想一些微小但確切有成就感的記憶！

你可以交替運用這三種方式，來讓自己處在最佳的工作狀況。如果這三條良方還不能幫助你的話，下面五個方法將給你巨大的力量，幫助你振作精神，積極樂觀以對，幫你跟低潮說再見。

1.拜訪一些對你感到相當感激的顧客，真正關心他們，並為他們服務。
2.腦海中回想不久前的一次成功工作經驗。
3.找一位思想積極的人士談談，吐一吐心聲。
4.閱讀、觀看、聆聽一些勵志性的書籍、培訓課程。
5.爭取並接受別人的幫助。

結語：只要你會自我激勵，就可以幫自己走出情緒低潮

任何行業裡沒有失敗者，只有放棄者。所以，不論以後遇上任何困難，都不要太早放棄，應掌握當下，自我激勵，設法縮短低潮的時間，絕不向失敗低頭，盡心去做，用力去做，不要先問

結果，只要全力以赴，自然就會水到渠成。

請你跟我這樣做

1. 拜訪一些對你感到相當感激的顧客，真正關心他們並為他們服務。
2. 腦海中回想不久前的一次成功工作經驗。
3. 找一位思想積極的人士談談，吐一吐心聲。
4. 閱讀、觀看、聆聽一些勵志性的書籍、培訓課程。
5. 爭取並接受別人的幫助。

第七課　培養「不須監督」的性格，自動自發工作，成功就會和你結緣

自動自發是一種努力主動工作性格，是一種責任意識，只有將這種感悟貫穿於工作中，落實於具體的工作中，才是真正的自動自發。

世界會給你應得的待遇，一魚兩吃——既有金錢也有榮譽，只要你具備「自動自發」的個性，並運用工作中。

什麼是「自動自發」的個性？如何辨別自動自發個性的程度？工作「自動自發」分為四個層次。

你是第幾層次的人？

第一個層次：擁有「自動自發」個性的人，就是不用別人告訴他，不用監督，他都能出色的完成工作，能夠做到一箭雙雕，贏得大筆金錢和榮譽。

第二個層次：主管安排任務後，才去做主管交代的工作，自己職責範圍內的工作，主管不安排就不知道要去做。這樣的人會得到很高的榮譽，但不一定總能得到相應的報償。

第三個層次：主管安排任務後，多次督促，迫於形勢才去做。這些人不會得到榮譽，報償也很微薄。

第四個層次：主管安排任務後，告訴他怎麼做，並且盯著他才去做。這些人不但不會得到榮譽，報償當然也非常微薄，而且朝不保夕。這是最等而下之的人，即使有人追著他，告訴他怎麼做，他也不會把事情做好。這種人總是失業，遭到別人蔑視也是咎由自取。

沒有卑微的工作，只有卑微的工作態度

有一家營造公司應徵行政人員，經過考試、面試後，有三個人從眾多的求職者中脫穎而出。人力資源部陳經理對宣布錄取名單後，將他們帶到附近一處工地，那兒有幾堆擺放得亂七八糟的磚瓦。

陳經理告訴他們：「現正缺人手，麻煩你們幫忙，每人負責一堆，將這些磚瓦擺放整齊，中午休息時，我會把午餐帶過來……」然後在三人疑惑的目光中離開了。

甲說：「我們不是被錄取了嗎？為什麼把我們帶到這裡？」

乙說：「經理是不是搞錯了，我可不是來幹這個的！」

丙說：「廢話少說！既然讓我們幹，我們就開始幹吧！」

丙說完後就捲起衣袖，開始工作了起來，甲和乙也只好依樣畫葫蘆跟著做。

還沒完成四分之一，甲和乙就邊做邊聊天，在一旁滑手機，上網聊天、玩遊戲，甲說：「經理已經走了，我們還是歇一會兒吧！」乙跟著也停了下來，丙卻聽若罔聞，還在繼續工作著。

十二點陳經理回來的時候，丙還有十幾塊磚就全擺齊了，甲和乙完成的還不到一半。

陳經理說：「午餐時間到了，先休息吧！下午接著做。」

甲和乙如釋重負，馬上扔掉了手裡的磚，一付輕鬆狀，上網聊天，丙卻堅持把最後十幾塊磚塊擺齊了。

回到公司後，陳經理鄭重的對他們說：「這次公司只聘用一人，剛才是最後一場考試，恭喜丙，你被錄用了。至於甲和乙，你們回去吧！離開後不妨想一下自己不能被錄取的原因。」

記住！沒有卑微的工作，只有卑微的工作態度，而我們的工作態度，完全取決於我們自己。

一個對工作有高標準的員工，他是自動自發的做事，而不是在老闆的吩咐下被動應付。永遠比老闆更積極主動，永遠自動自發，永遠比老闆的要求做得更徹底，果真如此，便沒有什麼目標是不能達到的。

阿爾伯特·哈伯德在《致加西亞的信》書中，這樣寫道：「我欽佩的是那些不論老闆是否在辦公室都會努力工作和自動自發的人，這種人永遠不會被解雇，也永遠不會為了加薪而罷工。如果只有老闆在身邊或主管監管時，才有好的表現和賣力工作，這樣的員工永遠無法綻放光芒，甚至達到成功的頂峰。」

反省是成功之本

現在，企業之間的競爭激烈無比，因此，主管都要求每一位員工具備危機意識，要掌握一定的工作方法，並自動自發的行動起來，迅速開創工作的新局面。

小陳是網路工程師，昨天晚上靜下心來，想了一下這一週的工作情況，自我感覺很差，情況如下：

1. 每天做到晚上十點，都沒辦法做到「今日事，今日畢」，每天都加班，連週末也不例外。
2. 雖有一定的進步，但進步很小，自己學習的時間實在太少了。
3. 每天疲於解決故障問題，被很多同事催，儘管已經很努力在做了，但還是被人催。

小陳檢討了一下，發現自己處於一種被動的工作狀態，小陳最怕每天忙忙碌碌，結果發現許多任務還沒完成。所以，小陳決定要從被動性工作調整成主動性工作，希望自己第二天就開始進入主動工作狀態。於是，他訂定三個要求：

1. **誓言完成工作**。每天有條不紊的完成當天工作，並且要與同事進行技術上的探討和學習。
2. **執行學習活動**。每天可以七點之前回家，實踐自己的學習計畫，一週看兩本書、聽三場演講，進行與時俱進的活動。
3. **持續反省是成功之本**。每天睡前不斷的檢查和反省，找出可以優化的空間，並主動的進行優化，提高自己的效率。

另外，小陳把自我提升的三部曲確認下來：

1. Network。目前的工作息息相關，一定要把網路技術進一步深入和掌握。
2. Linux。工作中接觸也比較多，並且這也是不可或缺的技能。
3. Spoken English。這是網路工程師必備的技能，不能離開學校就把這個給忘了，雖然不一定天天用，但是等到用的時候會派上大用場。

三個方法變成凡事自動自發的人

如何讓自己變成凡事自動自發的人？我認為方法有三：

一、找到興趣，建立愛工作的習慣

如何讓自己有自動自發的心態？設法找出做事情的興趣，是建立自動自發的第一步。

大家都曾有這樣的經驗：努力工作到忘我，時間變得飛快，不自覺的在工作。

一份研究全世界有創意的人，發現他們有一個共通點，就是從小有過心流（flow）經驗——主動、專注而渾然忘我的經驗。

李遠哲提到：「小時候我經常躲空襲，躲空襲時，在防空洞中學編竹籃，編到忘我，這個經驗，培養我以後得以忘我沉迷於研究工作。」

如果你有過這樣的「心流經驗」，就會一直主動尋找這種樂趣。

二、經常反省，改掉消極懶散的個性

每天反省自我一次，知過必改，並敢於正視自己的心靈，不要對自己放寬要求。

最好用心告別隱藏著猥瑣的思想和欲望，並設法改善不加思考就順從的習慣或行為。

企業的生存發展，完全依賴員工的努力程度，一個優秀、有責任心的員工，會主動去工作，盡最大的努力把工作做到盡善盡美。

自動自發工作的員工，具有一流的「執行力」，他們能夠抓住工作重點，真正腳踏實去做，甚至更為有效、仔細、注重細節的圓滿完成所有工作或職責。

結語：比老闆更積極主動

永遠比老闆更積極主動，只要能做到這一點，便沒有什麼目標是不能達到的。現在，企業之間的競爭激烈無比，主管都要求每一位員工具備危機意識，並掌握一定的工作技術和方法，自動自發的行動起來，迅速開創工作的新局面。

作為員工，要想綻放光芒，獲得最高的成就，就要永遠保持「自動自發」的精神，在工作中完全投入全部的熱情和智慧。

成功取決於態度和個性，你要時刻牢記自己肩負的使命，知道自己工作的意義和責任，並永遠保持一種「自動自發」的工作態度和個性，為自己的行為完全負責，盡心盡力完成工作，這樣做，成功自然就在眼前！

請你跟我這樣做

1. 為員工創造一個新的良好工作氛圍。讓員工能發揮自己所長，有機會學習，更有活動力，並幫助員工不斷發展。
2. 建立工作場所的「自律神經系統」。你可以運用「目視管理」，在必要的時候，提供必要的資訊給工作者，讓他充分了解自己作業的狀況與績效，讓日常管理安定化。甚至在異常還沒發生前，稍有徵兆時員工馬上自知，立即採取公司所規定的必要行動，以防止異常的發生。

第八課　「樂天知命」故不憂的豁達，可以使我們站在光芒萬丈最有利的位置，改變命運！

只要比任何人努力，就有機會解決問題和創造輝煌，「樂天知命」的人會這樣想！同時，「樂天知命」的人能更豁達的面對逆境，而另一些人則是經歷了挫折，從而學會了豁達樂觀的精神。

日前我因為身體不太舒服，就到附近的盲人按摩院放鬆一下緊繃的筋骨。來過三次之後，我發現我的陳姓男按摩師，五歲眼睛就失明，看不到這個五彩繽紛的世界，眼瞎了四十年，他竟然可以生活得比一般人還要豁達又樂觀，盡力做好他自己本分所能做的事情。

他不但能一個人去買菜、做飯、炒菜給子女吃，還會自己洗衣服、曬衣服，活得快樂又幸福自在，分分秒秒都顯示出「樂天知命」百分百的性格和談吐，令我敬佩不已。

樂天知命，故不憂

他的收入不高，賺的都是勞力錢，然而整個晚上沒有說過一句抱怨的話，始終保持「樂天知命」的態度，談笑風生，幽默又風趣，還樂在其中，難怪他可以安詳的馳騁在自己的世界中，似乎一點憂愁都沒有的樣子！自得其樂，面對人生各種逆境和即將會被ＡＩ取代的危機，毫無驚慌害怕的感覺，實在令人敬仰。

萬物皆有開端和結束，健全與殘缺、高興與苦楚、順境與逆境、成功與失利、聲譽與羞恥……，不論你情願和不情願，都得承受。他已然知道這全部都是人生面臨的東西，眼睛注定看不見，就接受不逃避，英勇面臨安然的承受實際，然後極力甩掉心靈的包袱，有些禍福僅僅一念之差，遇到死胡同要轉身，是為了非常好的日子。面臨現實，他比一般人樂天知命，多了一份豁達，他的「樂天知命」哲學觀，突然成為我生命的導師。

「樂天知命」是前進美好生命之路的探照燈

「樂天知命」是什麼呢？

「樂天知命」是一種對人生充滿了豁達、無所求的心願，和對未來充滿無限希望的作為。

「樂天知命」是希望的探照燈，它指引你這朵小花苗從斷岩狹縫中找到前進美好的生命之路，使你得到新生命、新希望，支持你的理想永不褪色！

讓自己有個「樂天知命」的人生

美國諧星鮑伯・霍普（Bob Hope）獲得一千五百多個獎項，《金氏世界紀錄》因此稱他為「最受尊重的娛樂界人士」，他活到九十歲的時候，依然在舞臺上娛樂大家，他的幽默感常使人笑出眼淚，讓周遭人都感染到他的快樂。

當時有人問：「鮑伯，你是怎麼保持這種『樂天知命』的人生觀呢？」

他很巧妙的回答：「每天早上起床時，我就會對自己說：『今天只有兩種選擇，一種是快樂的活下去，另一種就是不快樂的活著。』你想我會做何選擇？」

他又俏皮的問對方：「如果是你，你會做何選擇？」

我們絕大多數的人很少像鮑伯・霍普一樣，每天都問自己如何過這一天。所以，當別人問我們要快樂的過一天，還是不快樂的過一天，我們總會先愣一下，然後直覺本能的反應：「當然是快樂的過一天啊！」

很可惜的是，我們往往回答的是一套，實際去做時又是另一套！

「樂天知命」的性格可以改變不利的情況

你有沒有看過電影《阿波羅十三號》？

「休士頓，我們出問題了！」這句話有如洪水般擾亂休士頓太空中心所有科學家的心。《阿波羅十三號》這部電影，主要是描述在登陸月球的「阿波羅十三號」上的太空人，面臨零件故障的重大危機時，休士頓太空指揮中心人員不放棄任何可以挽救的機會，不斷尋求解決之道，最後「化險為夷」的故事。

我印象最深刻的一段劇情話是這樣的：在太空人生死未卜之際，休士頓太空指揮中心嘗試了很多解救的方法，還是不見任何效用。大家逐漸喪失信心的當時，有一位悲觀的科學家頓時冒出一句話：「唉！『阿波羅十三號』，恐怕會成為歷史上最大的太空災難！」

沒有人有把握救回太空人的性命，也沒有人膽敢做出任何回應，當場一片寂靜。突然遠處傳來一個令人振奮的聲音：「我認為拯救『阿波羅十三號』是我們最好的一刻，它將會成為歷史上最偉大的太空事蹟！」雄心壯志的指揮官回答著。

最後，誠如那位指揮官所說，「阿波羅十三號」成了歷史上最偉大的太空事蹟。

有人說：「樂天知命的人，宣稱我們生活在最好的世界中；悲觀消極的人，卻害怕這是事實。」

這個故事正好說明了「樂天知命」的人在生死攸關時，對未來結局所發揮的重大影響。

總而言之，同樣一件事，如果能從正面、樂觀的方向來思考和應對，就會使自己充滿無限的希望，找到出路，所以「樂天知命」的人，是從挫折中發現希望；但悲觀消極的人，卻會在成功中尋找挫折！

人生最高的修養就是「樂天知命」。「樂天」就是知道宇宙的法則，合於自然就是最好的道路；「知命」就是知道生命的道理，生命的真諦，乃至自己生命的價值。這些都清楚了，就樂觀一切，沒有什麼煩惱了。

人生每一個過程、每一個階段，都是會變化的，因為天下事沒有不變的道理，而且它是非變不可。知道一切萬事萬物都「非變不可」的道理，便能對未來樂觀以待，隨遇而安。所以，人能修養到「樂天知命」的境界，就對不可知的未來充滿了新希望，沒有什麼好煩惱了。

能修養到「樂天知命」的境界，就不會擔憂無路可走，沒有辦法解決當前的難題，還能輕易度過難關，做到富貴不能淫、威武不能屈的地步！你自然會「君子愛財，取之有道」、「不義之財，分文不取」。如此，你心裡能坦蕩蕩，縱是遇到憂、悔、吝，只要以平常心處之，一切也就能安然自在、平靜、平安。

結語：「樂天知命」使你站在最有利的位置

大漠英雄成吉思汗說過：「真正樂天知命的人，不但不畏懼困難，而且隨時隨地在困難和問題中發掘智慧，壯大自己。」

的確，「樂天知命」的人看世界，認為凡事都事在人為，當他們遇到「重大危機、困難重重」時，總會有樂觀的期望，同時把自己的能力及經驗發揮到極致，突破困境，尋求各種解決方法，最後的結局往往是成多敗少、贏多輸少。

人生勝利組，永遠朝向人生的希望面前進，並且擅長在逆境中發現光明。

所以，不論我們是處於如何惡劣的環境當中，或是外面的景氣如何低迷，「樂天知命」的性格，永遠可以使你站在最有利的位置！

請你跟我這樣做

1.「知命」是發現問題，「樂天」是解決問題。要做到「樂天」，首先效法「天行健，君子以自強不息」和「地勢坤，君子以厚德載物」，並保持樂觀心態，積極向上，做到進德和修業。

2.要堅持知識分子的風骨，做到富貴不能淫、威武不能屈、君子愛財，取之有道、不義之財，分文不取，自然心裡能坦蕩蕩，縱是遇到憂、悔、吝，只要以樂天知命，一切也就能平靜、平安。

第九課　沒人可以左右你人生，你缺少的只是無畏的倔強！

要綻放光芒，你絕對需要倔強的勇氣！深陷困境中失去勇氣的人，是怯懦者；陷入困境中堅強的站起來，才是人生勝利組。在人生的江流上，在哪裡失去勇氣，哪裡就有恥辱！

在臺灣嘉義民雄，有一幢清朝時代劉姓大地主蓋的四層樓高花園豪宅，因為二戰時曾有日本部隊駐守在此，未遭受攻擊突然全數身亡，加上房屋年久失修，磚造建築全被大樹根盤踞，更增加了許多恐怖氣氛，鬼屋的名聲因此傳開。

牆上貼了許多「符咒」，小符咒不夠，樹上也要掛上大布條避邪，因此被大家謠傳為臺灣最凶猛的鬼屋。古宅旁邊雜草長得比人還高，陰氣很重，加上古井不時傳出聲音，鬧鬼的傳聞更是甚囂塵上，入夜之後，周圍的人都不敢出門。

話說有一天，一位農夫到田裡工作，忙到黃昏時分才得以休息，回家時已經夜色漆黑，伸手不見五指。在他回家的路上，要經過這鬼宅附近的一個墳場，而當天剛好有人挖好一個墳坑，農夫沒注意，一個不小心栽了進去。

那個坑又大且深，儘管農夫使盡全身蠻力想要爬上來，勞累了一天的他根本無法如願，他只好洩氣的待在坑內，打算等到天亮再求救。

就在這個時候，一位跟農夫同樣倒楣的人，也不小心掉了進來，這個時候，先掉進洞裡的農夫在黑暗中有氣無力說：「朋友別試了……爬不出去的……」

這樣一句好心的規勸，後來掉下來的那人聽了卻以為見到了鬼，嚇得魂不附體，使盡全身吃奶的力氣，連滾帶爬，就這樣他奇蹟似的爬出坑洞，逃離了現場。

你還在害怕嗎？

西班牙小說家塞萬提斯一針見血指出「勇氣」的重要性，他說：「喪失財富的人損失很大，可是喪失勇氣的人什麼也完了！」

除了保住性命，其實人最欠缺的不是「金銀財寶」，而是「勇氣」。

靠山山會倒，靠水水會流，靠自己永遠不倒。可以失去一切，不能失去勇氣，站起來，才是最好的證明。

另一個故事是這樣的：

有一個獵人在森林裡打獵迷了路，整整兩天他都在這片偌大的森林裡打轉著，始終找不到出路，後來他身心俱疲的走到了一條小溪邊。他想著自己又累又倦的困在森林裡，簡直快要崩潰了，又看見溪裡幾近枯乾的水，不禁嘆了口氣：「唉！靠這一點點的水，我還能生存下去嗎？」

就在此時，水邊的草叢裡傳出一陣吵雜的聲響，他慌張的舉起手邊的弓箭，預備把即將映入眼簾的野獸一箭射死。倏忽的，草叢停止了窸窣的聲音，他看見的竟是一個陌生人站在他面前。

獵人興奮極了，激動異常的抱住對方說：「謝天謝地！壯漢，見到你我出奇的高興，你知道嗎？我已經在這裡迷路兩天了。」

眼眶泛著淚光的他，看見了陌生人就好比看到了「救世主」般興奮，他天真的以為陌生人可以帶領他逃離這既可惡又可恨的地方。

他高興的嘶聲力竭說：「快！快！快點告訴我，出路在哪裡？」

「有什麼好高興的！我已經迷路十天了。沒用的，不用試了，等死吧！」陌生人冷淡的說。

最後，兩個失去勇氣找出路的人，果然不約而同在森林裡給餓死了。

「勇氣」就是心懷恐懼卻依然找到出路

看完上面兩則故事，你有什麼感想呢？許多人都沒想過，「恐懼」也會展現我們意想不到的潛能，如果能夠善用「恐懼」的這股能量，也許可以得到我們所想要的正面結果。否則，當失去勇氣時，「沒用的、不用試了」這樣的負面提示，只會讓「潛意識」陷入自我設下的牢籠內，永遠無法脫困。

自己失去對於生命的勇氣，請記住，只有自己能找回來。

在故事中，我們看見了獵人在兩天的「迷途」之後，覺得生存難期，漸漸喪失了再找活路的「勇氣」，等到陌生人的出現，他又一味想依賴別人的力量指點出路，放棄自己想方設法找活路的機會，最後誰也救不了他。

史密斯說：**「世上有許多天才，都是因缺了一點勇氣而沒落了。」**

是的！有勇氣的人，往往憑著「堅韌的意志力」努力以赴，使自己的生命繼續延續下去，甚至活得更幸福、更堅強；失去勇氣的人，總是坐以待斃，希望著奇蹟的出現，讓生活了無希望，生命的意義不再。

完成一件事需要「勇氣」；堅信某種信念而不動搖，需要「勇氣」；臨危不亂，克服困難，更需要「勇氣」！

人們總是看到這一面，就忘記了另一面。當我們處於黑夜的時候，白天即將到來，更忘記了一件事，上天雖然現在給了我們暗夜，但也曾在過去，給過我們相當美好又明亮的白天。而這也意味著，所有的挫折、暗夜、困境都是暫時的，都會過去，何必有太多的恐懼和擔憂。所以不要因為你正經歷暗夜、挫折或困境，就對未來失去信心。要相信，每一個暗夜、挫折或困境，都是一個奇蹟的發源地，都是為了一個更好的白天所準備的。

壯大你的「勇氣」，你就可以偉大起來

用頭腦來理解道理是一回事，真正付諸行動又是另一回事。如果不展現無畏的精神，勇於實踐，所有道理仍舊只是停留在理論的階段。光芒萬丈有重重阻礙是難免的，唯有鍥而不捨、逐一克服，勇往直前，方能成就正果。

挫折、暗夜、困境並不可怕，可怕的是你不願意面對它，任它侵蝕心靈！想想自己有什麼是不願意面對的恐懼呢？為何不拿出勇氣來接受它、面對它、處理它？

你必須知道，人的勇氣是要加以鍛鍊、加以激發的！只有透過改變和鍛鍊，你的勇氣才會產生和倍增。透過不斷嘗試和改變，你才能成為人生真正的勇者！

以下的四個方法和訣竅，只要循序漸進去做，縱使身處逆境，你也能壯大你的「勇氣」，讓自己偉大起來。

1.別再自己嚇自己

不要被逆境給嚇到，不要自己嚇自己，同時不要因為害怕、沒安全感……，來給自己不敢嘗試或不敢冒險作為搪塞的藉口。要知道，這些不但會阻礙我們趕緊脫離逆境，更使我們永遠與成功搭不上邊。

2.改變心中的想法

你要知道，陷入逆境或不順遂時，「改變」不是一件壞事。只咬勇於嘗試，勇於因應變化，只會讓生活更多采多姿、生命更有高低起伏。

3.一點一滴的改變

壯大你的勇氣，你可以從日常生活裡「小小的改變」開始，然後慢慢擴大你的改變。譬如：不會唱歌的人可以試著哼哼歌曲，一直有興趣學瑜伽的人可以報名瑜伽班……

4.勇敢往前踏出一步

凡事起頭難，但是一旦有了好的開始，也就成功了一半了。只要你願意嘗試，勇於踏出第一步，就會勇敢邁出第二步，然後第三步……，如此一來，「無畏的勇氣」就會在內心慢慢滋長，而且日漸壯大。

你想做一個「勇於嘗試」的人嗎？不妨從現在開始吧！

結語：可以失去一切，不能失去勇氣，站起來，才是最好的證明

人生猶如一條船，每個人都想駛到對岸，有人輕鬆上岸了，有人中途落水，還有的人快接近時，卻怎麼也靠不了岸，一切都由你的「性格」所決定。每個人都面臨兩個選擇，一個是萬分憤慨，另一個是用無畏的勇氣，保持冷靜來解決一切，我選擇後者，你呢？

雖然逆境長存，但逆境並不可怕，只要你在逆境面前昂首挺胸，以一顆堅強且無畏的勇氣來面對逆境，在哪裡跌倒就從哪裡站起來，你就會快速走出困境的陰影。

請你跟我這樣做

1. 害怕，害怕是什麼？退縮，退縮的結果是什麼？只要記住你青春無畏的樣子，你未必出類拔萃，但肯定能大放光芒。
2. 要有一定的信心。無畏的精神是綻放光芒所需要的動力，而信心則是貢獻服務的根本。信心就是相信自己，以及相信自己即使身處逆境，也有力爭上游、光芒四射的能力。

第十課　要綻放光芒，唯有透過持續不斷的高度專注練習，才能有微量但確實的光芒

沒有天才，沒有天賦這一回事，人生勝利組在成名之前，就有受過一番完整扎實的訓練，那就是「刻意練習」（Deliberate Practice）。

我在城邦出版集團出了一本《接受逆境的勇氣》，受到很不錯的好評，銷路也開了紅盤。有幾位朋友知道後也想要出一本書，問我寫出好文筆的祕訣，我說：「練習就知道了，文筆和風格就會出現了，只是練習還不夠，持續『刻意練習』才能成為寫作高手！」

咬緊牙關「刻意練習」

你知道史上第一個奪得奧運女子一百公尺冠軍的黑人是誰嗎？她的名字叫威爾瑪・魯道夫（Wilma Rudolph）。

威爾瑪・魯道夫小時候不幸患了肺炎和腥紅熱，引發高燒造成小兒麻痺，使得她的左腿萎縮

無法走路，必須靠著鐵架矯正鞋才能勉強行走。

有一次，她受到鄰居家只有一隻胳膊的老人激勵：「只要想辦法，一隻巴掌同樣可以拍響，只要努力，無論現在遭遇多大的不幸，你一樣能站起來！」從此以後，她有個夢想：希望有一天能和別人一樣走路和奔跑的夢想。

自此，威爾瑪・魯道夫每天堅持不懈的「練習」試著走路，趁父母不在時，她就嘗試著扔開支架，自己練習走路，蛻變的痛苦是牽扯到筋骨，但她卻咬緊牙關「刻意練習」，走路、走路、走路……摔倒了又爬起來。不管多麼艱難和痛苦，她都咬牙堅持著。當有一點進步的時候，她又以更大的受苦姿態持續刻意練習，以求更大的進步。她更加相信自己能夠像其他孩子一樣行走、奔跑，她要行走，她要奔跑……。

十一歲時她終於扔掉支架，她又向另一個更高的目標挑戰，她開始鍛鍊打籃球和參加田徑運動。沒多久，她靠著驚人的毅力，一舉奪得一百公尺和兩百公尺短跑冠軍，震驚了整個校園，從此以後，勝利的花環總是掛在她身上。

一九六〇年，威爾瑪・魯道夫進入羅馬奧運會女子一百公尺決賽，她以11秒18第一個撞線，當場掌聲如雷，人們都站立起來為她喝彩，齊聲歡呼著這個美國黑人的名字：Wilma Rudolph、Wilma Rudolph、Wilma Rudolph。那一屆奧運會上，威爾瑪・魯道夫成為當時世界上跑得最快的女人，也是第一個黑人奧運女子一百公尺冠軍。

威爾瑪・魯道夫的成功，就在她透過不斷的「刻意練習」，克服了天生障礙，並最終成就非凡——獲得了三枚奧運會田徑金牌。

堅定的信念和練習的方法

成功不是天才的專利，一個人的成就極限通常來自「堅定的信念和練習的方法」。

另外，像是世界頭號高爾夫球手白老虎李・維斯特伍德（Lee Westwood）、馬丁・凱梅爾 (Martin Kaymer)、納達爾 (Rafael Nadal)、德約科維奇（Novak Djokovic）、費德勒（Roger Federer）、巴菲特甚至馬友友，這些「天才」和我們不一樣之處，在於他們長期、有方向的進行「刻意練習」，對練習結果進行分析，從失敗中吸取教訓，以科學的方法進行苦練，自我琢磨，才有可能嶄露頭角，讓所有人刮目相看。

雖然「刻意練習」的例子隨處可見，但刻意練習並不能解釋它是獲取成功的唯一元素，因為現實世界非常複雜，因為我們都受到運氣、時運和機遇的影響。儘管很多道理都說明，越勤奮刻苦的人越幸運，但事實上，當你走在一棟正在整修的大樓旁，鷹架突然塌了，你只能認命了。

刻意練習成為專家八步曲

無數經驗證明，只有刻意練習才能使自己成為專家。什麼是刻意練習呢？主要有三點：

1. 主觀上有興趣、吃苦、努力以赴的意識；
2. 客觀上有持續改進表現的努力行為；
3. 重複大量進行成為某一領域專家所必須的學習和苦練。

為什麼賈伯斯每次上臺簡報新產品總是從容不迫，絕不輸給演講大師？據了解，賈伯斯過去在每次的上臺演說之前，都要花兩、三個禮拜的時間準備簡報、準備講稿、準備燈光、準備舞臺，一次又一次的演練直到完美為止，賈伯斯的舞臺魅力不是天生的，是花了太多的苦工演練出來的，臺上一分鐘，臺下十年功，都是「刻意練習」出來的。

一個人如何透過「刻意練習」，使自己成為專家手呢？以下的步驟值得參考：

一、要明確你奮鬥的目標

卓越之路要歷經多年的嚴苛考驗，如果沒有全心全力投入，誰都不可能達成。你必須知道你想要做什麼，而不是覺得、傾向或考慮要做什麼，因此你必須確定你希望發展的專長領域，明確自己的發展方向，樹立一個持續努力的長遠目標，並明白完成奮鬥目標需要的「經歷組合」——就是為了一個偉大的奮鬥目標，刻意學習各種專業的技能，以滿足當前及未來的水準和要求。

二、要多元化閱讀有用資訊

要有意識的閱讀商業書籍與報刊，篩選有針對性的資訊。要積極尋求回饋與點評，加強自我監控與考核，利用外部的因素來對自己的努力成果進行檢驗。

三、大量重複的訓練

從不會到會，祕訣就是簡單的事情重複做，因為「**重複為學習之母**」。學習商業決策的最好辦法，不是觀察老闆每週做三次重大決策，而是自己每天做十次模擬的決策。

四、要向成功者借鏡學習和複製

經由學習成功者的心態、謀略、差異化戰略、成本戰略、創新等商業規律，透過可以即時回饋又無風險的模仿和演練，充分利用當今社會的有利條件，模仿事情的起點、過程和結果，明確自己的發展方向。

五、要向前學習更難的動作和技巧

科學家研究發現花式滑冰運動員的訓練，發現在同樣的練習時間內，業餘的運動員更喜歡練自己早已掌握的動作，而頂尖運動員則更加練習各種高難度的跳躍和旋轉動作和技巧。

一般愛好者打高爾夫球純粹是為了娛樂，享受打球的過程，而專業運動員為獲得某種獎勵，集中練習在各種極端不舒服的位置，打不好打的球。真正的練習不是為了完成運動量，「刻意練習」的精髓是要持續做自己做不好的事。

六、需要一些優秀的教練和顧問

心理學家把人的知識和技能分為層層嵌套的三個圓形區域：最內一層是「**舒適區**」，是我們已經熟練掌握的各種技能，一般人都以舒適為標準，進步到一小點程度就停止了，因為只是純粹好玩，所以就不會更進步了。最外一層是「**恐慌區**」，是我們暫時無法學會的技能。二者中間則是「**學習區**」，這是進步最大的領域，只有在學習區裡面練習，每當克服了自己不熟悉的程度，就會往更高的程度邁進，不斷挑戰就會不斷進步！

我們在「學習區」內進行練習，必須要有一個好的老師或者教練，從旁觀者的角度，更能發現我們需要改進的地方，更需要多請教身邊的老師和教練，彌補自己的不足。

七、要有人監控才會更進一步

學習成效是需要被認真監控的，你可以請身邊的主管、益友、長輩，甚至是同事來監控自己的進步，提出寶貴的意見，才能提高練習的效率。持續的監控、持續的指正、扶助需要堅持不懈的努力，才能產生成效。

八、需要投資許多時間和熱情

設定個人長期投資的計畫，因為成為專家至少需要五年以上的刻意練習，經由熱情做你喜歡做的事情，只有熱情才會產生強大的意志力、動力，驅使自己去完成枯燥乏味的練習過程。

據了解，大陸奧運游泳選手每天至少要在水裡訓練八小時，為何要至少八小時，聽說是國務院下的規定。大陸許多游泳前輩都是這樣訓練，後面新選手照樣訓練，成果也非常接近，所以很多人是用全部生命、用全力做一件事情！

結語：持續刻意練習

如果我們在行業中是二流、三流等級程度，更應該盡全力「刻意練習」，才能有機會成為一流。最重要的事情是：長期苦練只是開始，要持續刻意練習，你還必須要有打不死的追求進步的心態，有這種心態，才能讓自己持續不斷的追求進步。所以，很厲害的人都在背後不為人知的地方下苦功，只是我們不知道而已！

請你跟我這樣做

1. 持續「刻意練習」，才能成為高手！
2. 用全部生命、用全力做一件事情！

第四章　唯有將野蠻性格斷捨離，才能好好的大放光芒！

有幾種爛個性，能力再強都沒用，
人生注定是灰白的！

第一課　偷懶怠惰是導致失敗的第一元凶，天生懶骨好逸惡勞的個性不改掉，你怎能放光芒？

一個年輕人如果養成好逸惡勞的個性，經常偷懶怠惰，反而把別人吃苦耐勞當成為笑話，這個人怎麼會成長？

日前和扶輪社幾位總監、社長級老闆聚餐，有一位姓孫的老闆痛心疾首說：「現代的年輕人很難用，不肯吃苦，好逸惡勞，老闆稍微說一些重話，臉馬上就臭臭的。做事不在意又很懶散，心目中自有主意，而不聽主管的建議，沒有覺得時間很緊急，趕快去把事做完的想法，對工作的快節奏也沒有一個深刻的認識，甚至會異想天開希望可以利用拖延逃過責任和工作任務，而很少考慮拖拉的代價以及後果。唉！真難理解他們的辦事心態和做法！」其他老闆也點頭認同。

現代年輕人吃不了苦，一代不如一代

他們異口同聲說：「做事懶散和拖拉個性帶來的教訓是：浪費了時間，賠了錢，丟了工作，

給老闆和顧客留下不好的印象，真是造成一個人失敗的第一元凶。」

人生勝利組告訴我們：「一個人有過人的成就，並非一蹴而就，都是當同行者還在熟睡時，他們已在深夜攀登上高峰了。」

每個人都有懶惰的基因，「好逸惡勞」是人類的生性，誰有辦法戰勝惰性，即使天賦欠佳，也可以以勤補拙，創造出非凡的成績。

人生最大的悲劇不是死亡，而是沒有把握住有意義的人生。

有一位七十歲的布店老闆自知不久要離開人間，他告訴一位名叫蘭塞姆的牧師，說：「我年輕時曾經跟著名音樂家卡拉揚一起學吹小號，我的成績並不比卡拉揚遜色，老師也肯定我的前途無量，可惜我後來耽於逸樂又懶散消極，荒廢了音樂的進修，否則一定成為一位傑出音樂家。」

偷懶怠惰是導致失敗的第一元凶

回首前塵，他告訴牧師：「如果死後去到另一個世界，我一定會避免犯下同樣的錯誤，從年輕時就要掃除懶惰的基因，努力向上！」

偷懶怠惰成性，貪圖完玩樂安逸，只想守株待兔，妄想天上會掉餡餅下來，這樣的思維注定永遠和成功絕緣的。

你可曾在偉人傳記或名人奮鬥史中，看見有哪個人不求努力、懶惰成性，最後卻意外成為人生英雄的？

臺灣著名的金控集團國泰金控創辦人蔡萬春曾對他的員工說：「再好的時機也有人破產，再壞的時機也有人賺錢；再好的事業也有人失敗，再壞的事業也有人成功。」不論身處在什麼樣的環境下，總要殷勤努力，成功都會靠過來。

改掉懶惰成性的壞毛病

其實，懶惰不是你的天性！懶惰是一種病，它可能是天生的，也可能是後天習慣造成的。當你懶惰成性，你做事的效率當然很差，你會變得無法專注，要成為生勝利組，就必須改掉你的懶惰病。

俗話說：「沒有醜陋的女人，只有懶惰的女人。」這個道理適用在任何人身上，要養成成功的慣性，就必須克服懶惰的性格。

我認為改掉你的「懶惰性格」，首先可以從養成運動的好習慣開始，運動可以讓你體能更好，因為當你體能不佳時，無論做什麼事都很容易感覺疲勞，你必須適時的運動，讓自己維持在良好的體能狀態下，才能有源源不絕的體能，應付應接不暇的事物。

其次，可以訂下獎賞自己的計畫，當你完成了某一個目標，就犒賞自己一下，買件自己喜歡的小東西給自己，或是跟朋友去吃一頓美食犒賞自己。

適度的獎勵自己可以激發你持續完成目標，如果每次完成目標你不獎勵自己，你的動力就會漸漸流失。

相反的，你也可以處罰自己，當你沒有在時間內完成某個目標，就給自己一點懲罰。

最後，你可以找幾個好朋友一起行動，一起說好做某一件事，彼此互相監督，就會變得更有動力。

結語：懶惰就等於慢性自殺

其實，人生可以過得很精采、很充實、很有意義，只要你積極規畫每一天，跟偷懶說再見，再加上妥善的規畫且積極的執行，成功將是指日可待的囊中之物。

如果你希望能活得更精采、更快樂、更成功，就趕緊跟懶惰說再見吧！

大哲學家伏爾泰更說：「如果不打算自殺，就要常常找些事做，因為『沒有事做』和『死亡』

的意義是一樣的。」

一個「懶惰成性」的人，凡事低空飛過，什麼事也做不了，什麼事也做不成，也不求更好，不但浪費生命，更讓自己提早走向毀滅的人生之途，「懶惰即夭亡」就是這個道理。

請你跟我這樣做

1. 想像未來的願景是克服懶惰的心理技巧，可以增加你採取行動的渴望，讓你為了達到你的願景而付出行動。你不只是需要想，而且是要時常想，一天想21次以上，這樣會激發你想行動的欲望。
2. 人都有惰性，找人監督是一項克服惰性的可行方法，你可以找幾個朋友一起行動，一起說好做某件事，彼此互相監督，就會變得更有動力。「讀書會」就是一個相當好的方式，固定一段時問便相約出來見面，彼此交流分享、互相監督。

第二課　告別消極性格，五個方法很管用

雖說江山易改，本性難移，消極的性格還是可以改。

如果有消極的性格，不用擔憂，立刻檢視自己消極的原因，去體驗一些前所未有的經驗，多曬太陽，多去運動，訂定一個小目標，達成後犒賞自己。

我發現一個人擁有消極的性格比擁有積極的性格更普遍，這是不可否認的事實。看起來大多數人需要付出一定努力，才能擁有積極的性格，這也是消極思維容易不請自來的原因所在。

如果我們處在一個快樂和積極環境中，並且這裡的人都有良好的成績和自我提高價值觀，你擁有積極的性格和贏得成功就更容易一些，反之則否。另一方面，如果你長期生活在不良的環境中，就有可能有更多困難和失敗預期，很容易養成消極的性格。

一生平均有十分之三的時間處於情緒不佳的狀態

在日常生活中，由於外界的刺激或自身因素，會產生一種厭倦、憂愁等不良情緒，偶而出現消極不安憂鬱的時刻，很容易養成消極的性格。

據權威心理學家研究發現，我們之所以會產生消極的性格，因為我們的一生平均有十分之三的時間處於情緒不佳的狀態，因此，我們常常需要與那些消極的思維搏鬥，才能避免養成消極的性格。

在職場上，我第一次出現極為消極的思想和消極的情緒，是在我聽到自己失去了一次本該晉升課長的機會，當時我的大腦神經立刻刺激身體的「正腎上腺素」，其結果是使我怒髮衝冠，坐立難安，隨時準備衝到主管辦公室「討個說法」。

沒多久我突然發現，我怎會出現變成這樣？我怎麼會產生消極個性者的行為，變得固執己見，不能容人，沒有信譽，人際關係變得很差，我簡直要變成一個標準失敗者，因為我還不會控制自己的情緒！

我是一個人生失敗者，因為人生勝利組比較能夠和消極的情緒進行拚搏，失敗者很容易被自己消極的情緒所控制。所謂人生勝利組，絕不會具備消極的性格，也可以說，是一個能突破消極情緒最多的人。當時我是個徹徹底底的失敗者！

人生勝利組不會具備消極性格

人生勝利組不會具備消極性格，因為他們擺脫消極情緒是有方法的：

一、讓情緒獲得適當表現或發洩的機會

正常人都會有喜、怒、哀、樂各種情緒，何必要抑制它？我們應選擇適當表現出來，譬如市場不景氣，生意陷入低谷，壓力比較大。這時就可以稍微放鬆一下心情，舒展一下情緒，可以去看一場電影，或是找個地方和閨密喝下午茶，也可以找一個積極有正能量的人，跟他聊聊天，你就會得到鬆弛，也透過做ＳＰＡ、打高爾夫球、旅遊等方法發洩、表現出來。

二、轉移注意力到美好的方向

調控注意力和控制攝影機鏡頭是一樣的，完全可以選取我們希望選擇的內容。把注意力放在問題的不同方面，常常可以得出不同的結果。只要我們看問題的積極方面，可以得到人生樂觀的情緒；看問題的消極方面，就會產生悲觀的情緒。但90％人不由自主會選擇悲觀，所以我們必須學會控制自己的注意力，以調控自己的情緒。

在人生的整個航程中，愛看消極面的人一路上都暈船，無論眼前的情境如何，他們總是對將來感到失望。愛看消極方面的人眼中，玻璃杯永遠不是半滿的，而是半空的。

三、學會和自己進行良好的溝通

經常和自己的溝通，這一點非常重要。我們不管有多忙，每天一定要撥出二十分鐘和自己獨處。舉例來說，讀二十分鐘的書，可以激發、促成自己的溝通，那個時候，頭腦的狀態會變得更好。也可以去看一部有關心靈的電影，當中會有很多滋養心靈的東西。如果你處於心靈枯萎的時候，不妨花個十五分鐘做一下瑜伽，靜靜思考，與自己進行良好的溝通。

四、相信自己，「我一定能」

經常對事情說：「我不行！」放任消極情緒滋長，都會導致失敗。因此別再給自己設限，要為自己加油激勵。

五、趕緊遠離消極的人

千萬不要跟消極的人打轉，讓你的身邊圍繞著都是積極快樂、又懂得享受生活的人吧！你也許會驚奇發現，他們的行為舉止怎麼這麼容易影響到你。

你怎樣對待生活，生活就會怎樣對待你。這個世界是我們內心世界的投射，無論我們看到的世界是黯淡無光還是亮麗多彩，記住！它都來自你的內心。趕緊遠離消極的心理，一起增強正能量吧！

結語：花費一些精力和時間追求積極思維吧

思維與精力是相對的，你的思維決定了積極的成果或者消極有害，而身體會用同樣精力行使這兩種方式。好消息是持續的內在工作，可以改變我們的思想習慣，你必須願意花費一些精力和時間追求積極思維，才能克服消極思維。以下這些技巧或許對你有幫助：

1. 經常說：「我一定能！」
2. 說話用積極的詞彙代替消極的詞語。
3. 每次出現消極想法時，馬上用積極的想法代替。
4. 讓頭腦充滿積極的思維，並期望出現較好的結果。

從現在就開始做，拋棄所有消極的思維，並開始以積極方式來想事情或做事情。記住！改變思維和性格永遠都不會太晚。

請你跟我這樣做

1. 每天一定要撥出二十分鐘和自己獨處。舉例來說，每天花二十分鐘讀書，可以激發、促成自己的溝通，這樣頭腦的狀態會變得更好。
2. 你處於心靈枯萎的時候，可以去看一部有關心靈的電影，當中會有很多滋養心靈的東西。也可以花十五分鐘做一下瑜伽，靜靜思考，與自己進行良好的溝通。

第三課　膽怯的人不能與成功結伴同行

膽怯對我們的身心健康和財富取得十分有害，所以我們必須要培養自信心，全力以赴，要大膽開口跟別人要求。

缺乏膽怯的性格，一生求財不順，運勢欠佳，難成大器，很難獲得富貴榮華

日前，我參加某位企業家的七十壽宴，在他豪宅客廳背後壁面，除了壽星的玉照之外，還用篆字體寫著「無所畏懼」四個字。

幾位來賓上臺致賀詞，都一致讚美壽星具備「有膽有識」的性格，不怕威脅、不受利誘、有原則、很有正義感、不顧情面、公私分明，是一個具有剛直品格的人。

有什麼說什麼，不怕說錯話，就是個無所畏懼的人，很有吸引力，很有魅力，非常容易和成功結緣。

人的個性或處事風格，不只連父母與子女或同胞兄弟姊妹，甚至夫妻之間也不盡相同。我認

為一個人要出人頭地，能力與努力是必須的要件，但缺乏「無所畏懼」的個性，依然還是會望洋興嘆！

在某次論壇活動上，有人問一位超級業務戰將生意成交之道：「你怎麼知道老闆會接受你的要求？」

「我不知道，我之前也不知道。唯一的不同是，我沒想太多，無所畏懼開口試了，我就拿到了訂單！」

無所畏懼是成功的翅膀

創業或做生意，成交是一種謀略、膽識、戰術、計謀和技巧，與顧客交易時，我認為你必須將客戶置於一個必須做出購買決定的心理處境，竅門就是「**找機會，不害怕，看狀況見縫插針，開口請求客戶購買**」。

創業或做生意不能膽怯，如果你害怕失敗，表示你無法承受風險，如果膽子小，想太多，不敢開口請求客戶購買，就提早離開業務圈吧！

記得我剛做業務的時候，我非常佩服那些在事業上最成功的人。為了成長，為了要知道他們的祕密，於是我想辦法接近他們，跟他們做朋友。交友互動時，發覺他們除了擁有廣博的「專業知識」外，表達、談判、說服能力很強，又非常有辦法將自己行銷出去，還特別有「先捨後得」的過人膽識，和「洞穿人心、以利誘導、情義兼顧」太公釣魚的真工夫。

經歷短時間的學習和練習，我恍然大悟，一個人想要在商業界出人頭地，除了要有洞察力之外，一定要養成有膽有識的個性才行，而有膽有識的個性，往往比死知識與一流大學的文憑都還來得重要。

專業未必就是優，客氣也不會贏承諾

創業成功或做生意，要有什麼有膽有識的個性？關鍵之一，就是要保持時時刻刻開口請求對方購買的企圖心，不會膽怯也不會想太多。

既然從事業務工作，你的目的就是不管銷售任何產品，在任何地方、任何時間碰到任何人，都要把東西銷售出去，不過要特別注意這個原則的基本要素：**你必須要全力以赴，大膽開口請求成交。**

總之，創業成功或做生意，要比別人更成功，最需要的不光是有豐富的專業知識、迷人的外表、舌燦蓮花的口才、熟練的取悅技巧……，而是具備無所畏懼，大膽持續要完成交易的能耐，並全力以赴，追求成交！

人有多大的膽，就能促成多大的交易

有一樣寶物可以讓你賺到更多的錢，你有興趣嗎？它就是完成交易的「自信心」和「膽識」，眼力敏捷，可以看到顧客無意露出的購買訊號，願意全力以赴，敢要求、要求、再要求！

許多人無法完成銷售的一個原因就是「心虛膽怯」。這個思想陷阱的解毒劑，就是永遠心想這一位客戶即將購買，不要被他的問題、抱怨或反對意見所耽擱，保持愉快的心情和他溝通，千萬不要心虛膽怯，成交才能更寬廣！不斷請求，才能保有競爭優勢！

我經常碰到一些「小生怕怕」的業務人員，他們在洽談生意時費盡唇舌、反覆介紹、說服，就是缺乏開口的勇氣，不敢直截了當去請教顧客買還是不買。

他們之所以望而卻步、畏縮不前，主要是因為對自己沒有足夠的信心，同時懷疑自己的能力不夠，又擔心顧客不買，怕當面丟臉。

你可以利用以下方法，增強你的膽識：

一、有銅牆鐵壁的臉皮

在危機四伏的處境中，拿下生意，要臉皮厚，才敢及時開口要求顧客買下來。

有不少人認為成交很難，那是因為他們過於怕事、杞人憂天，不相信自己可以成功銷售產品給任何人，缺乏「一定會成交」的自信心。他們以為說服客戶購買要經歷千辛萬苦，這樣的思路好比緣木求魚，結果當然不好。

二、先說服自己我有「膽子」，減輕恐懼的期望

畏縮，是成交的毒餌！你必須設法克服心裡的恐懼，因此，要說服別人之前，你要先說服自己。你可以先說服自己，向你購買是正面的行為，心中認定交易絕對會成功，認為成交是理所當然的事。要表現出無所畏懼的樣子，千萬不要表現出生澀、膽怯、唯唯諾諾、優柔寡斷，甚至被拒絕的樣子。

三、運用「相信法則」

看法決定一切，只要願意改變看法，生活和工作就會隨之改變。我認識一位房屋仲介的業務達人，年收入千萬元的他一針見血指出：「一個行銷人員成不成功，關鍵不在他懂得多少技巧，而在於他是不是一個相當有自信心、欣賞自己、滿意自己的人。」

縱然沒有亮麗的外貌，不必是辯才無礙的演說家，你甚至不需要帶著高學歷的文憑創業或做行銷，你只要知道如何運用「相信法則」，就可以讓你拋開負面的思考念頭，滋生大膽、熱情的潛力，展現開口請求生意的膽識和魄力。

四、要捉住埋單的良機

做生意或成交其實很簡單，只要你讓客戶告訴你何時埋單，就成功了一半。良機稍縱即逝，遇到顧客發出購買信號時，回答客戶的提問後，顧客沒有新的異議時或老客戶有再購買需要時，二話不說，就無所畏懼直接開口爭取這個生意！

結語：創業或做生意和談戀愛一樣，要無所畏懼表白才會贏得美人歸

如果你不開口求婚，怎麼可能抱得美人歸？最足以描述成交學問的是：要有強烈的自信心，要大膽用別出心裁的方法。

不過，無所畏懼並不是自負、自大，一個成功創業者或行銷高手絕不會讓自負和自大來傷害自己的信心。

請你跟我這樣做

1. 不要想太多，做就對了，混得差有什麼關係，這社會只要你想活，絕對不會掛掉。
2. 多喝適當的蔬果，膽小怕事的人，主要是缺少維生素A、B、C，宜多吃筍乾、魚乾、辣椒等。當然也可能因為食酸性食物過量，應多吃瓜果蔬菜。

第四課　工作缺乏執行力沒效益，很多時候問題出在「拖延」兩個字

人雖善良，但要過得自由自在，千萬不要養成把「等一下再說（做）！」、「現在好累，讓我喘一下！」、「就是什麼都不想做。」、「明天再來想好了。」掛在嘴邊的個性，向拖延症候群屈服，你的人生會失去光芒，要變灰白了！

想到就做，劍及履及，馬上行動

最近許多朋友問我：「有田老師，你開辦的『孫子兵法總裁班』非常叫座，對岸的學者商務總裁都來請益，了不起啊！上回沒跟上，請問何時再開班，我第一個要報名！」

回想兩年前開辦「孫子兵法總裁班」時，我第一直覺這個商用課程非常符合當前冷颼颼經濟困境的需要，很有亮點，肯定這門課程一定非常受歡迎。當時我沒想太多，也沒有估計任務的難易度，說幹就幹的我，立即就劍及履及，從準備課程大綱、尋找師資、確認場地、製作招生簡章到公開招生，24小時內就有35人報名，五天後開課有28人參加，到年底總共開了三個梯次，獲得

了中國廣播公司、《人間福報》和《臺北內科周報》的報導，山東「孫子兵法學會」在二〇一七年底還有兩個團體來臺取經。我認為成功之道無他，就是「劍及履及，馬上行動」，如果當時我多想一下困難，追求完美，猶豫拖延一下，就不會有今天很好的結果和績效。

拖延，就像是個不離不棄的跟屁蟲

拖延，就像是個不離不棄的跟屁蟲，如果你沒找出自己為什麼會拖延的原因並改善，都幫不了你。

明明許多要做的好事就在眼前，或者面對攤開的檔案，散亂的衣櫥，水廚房裡要清洗的碗筷，或者只是一個該打的電話，一封該發出去的郵件……，我們還是一邊咬著手指甲，一邊想要做還是不要做，只是發呆的說：「再等一會兒，就一下下……」

於是，天黑了，太陽又出來了，心情越加沮喪，卻伴隨偷來歡愉般的戲謔。

據了解，20%的人認為自己是長期愛拖延的人。

對這20%的人來說，拖延是一種生活方式，雖然並不適應它。但他們不能按時付帳單，他們忘了買音樂會的門票，他們直到聖誕前一天才去買禮物……

真的，拖延症似乎成了現代人的流行病。

拖！拖！拖！延！延！延！是我最討厭的一件事。

「拖延」兩個字宛如無影雙魔手，不知不覺中推向無底深淵，破除之道，行動力也！

別再把「還有明天」掛在口頭上

做事拖延的傾向雖然不是惡習，也不是品格缺失，卻是一種由恐懼引發的心理症候群。

是的！常說「還有明天」，可以使人頹廢懶散，「還有明天」也可以使人錯失良機，它是人性深處的大惡魔，引領我們走向人生地獄的深淵。

你是否常常把「還有明天」掛在口頭上？還是你已經讓「還有明天」進駐到生活裡的每一個角落了？

事實上，「還有明天」、「有一天」、「下星期」或者「以後」，往往就是「永遠延遲下去」或「永遠做不到」的同義詞！

一旦我們與「永遠拖延」搭上線，就會使人生路上充斥「滿坑滿谷」的挫敗，更會使我們離成功的坦途「漸行漸遠」，然後與成功「含淚說再見」。

要知道，人間的事情，沒有一件是絕對完美或幾近完美的。如果要等到所有條件全都具備了才去做，恐怕只能永遠等下去了。

拖延不是時間害了你，而是你內心的完美主義在搗蛋！

既然已經知道拖延個性形成的根源，那麼如何治癒拖延症？方法如下：

一、記住！沒有完美主義這回事

完美主義就會擔心事情做得不夠完美，所有事情都要達到一個很高的境界，要一次做好，所以不願意匆匆忙忙開始，要萬事俱備才行。

心想要把事情做的完美一些，但壓力越大，就越擔心做不好事，遲遲不敢付出行動，這是擔心引起的拖延病。

解決方法：

追尋一下到現在為止你所做過的事，有多少事是完美的，一定沒有特別完美的事，但一定也沒耽誤什麼事，對不對？

所以在評估盤算後有勝算，對自己說現在的狀態就已經很好，可以開始勇敢採取行動了。

每有一點進展，都不斷激勵自己。偉大的音樂家、發明家、作家、詩人、藝術家都是斷斷續續完成他們的傑作的，自己也可以如此。

二、打破「我沒有自信」的念頭

對於總是沒有自信，認為自己再怎麼努力也是徒勞無功的人來說，是得了封閉自我印象引起的拖延病。

解決方法：

在苦惱邊緣走不出來的人，是因為被自己錯誤的想法封鎖住了。所以，一定要從錯誤的牢籠中走出來。

為了打破錯誤的想法，你必須重建新的想法，此時捫心自問一下：「假如我是能做到○○事的人，應該先想些什麼？先做些什麼？」想這些問題的時候，不能用太長的時間。通常第一個想到的就是正確答案，所以直接捉住第一個想法就可以了。

沒有自信的原因，應該是來自於對許多事情都不能肯定，所以你應設法多了解自己的潛力、個性、優缺點、興趣等等，這樣就自然會改善信心不足的問題。

三、決定了，馬上就付出行動，不要想太多，尤其你在想自己的想法對不對的時候

當你一直在腦海浮現這樣的想法：「為了想這個辦法花了那麼長的時間，付出了那麼大的努力，但要是失敗了怎麼辦？就不就功虧一簣嗎？」就是得了不安感引起的拖延病，所以不想做任何事情。

解決方法：

你可以跟潛意識打交道。當你想到去做可能會失敗的痛苦時，你要告訴自己：「現在就做！立刻去做！」當你在腦海裡重複「行動力」的意念時，它就會在你的潛意識裡生根發芽。同時，完全忘掉你是個缺乏行動力的人，把「延遲」及「怠惰」的壞習慣一併連根拔除。

要把最初的想法扭轉過來很難，但一旦習慣了，就覺得行動比拖延更輕鬆。

當然，你要反覆不斷的操練，這樣可以更堅定你的意念，幫助你快速把日積月累的惡習連根拔除。

☑ 結語：別讓「永遠延遲」成為生命中的常客

螢火蟲在飛行時發光，人生也是如此，一旦我們停頓時，生命立刻暗淡無光。

柯林．鮑爾說：「當別人在猶豫的時候，你已付諸行動；當別人行動的時候，你已領先。」我們每一個人都是自己命運的編劇、導演，人人各有各自精采絕倫的腳本和豐富生動的臺詞，站在此時此該的人生舞臺上，我們唯一要做的，就是移動我們的臺步，演出屬於自己最好的人生。

永遠記住：成功是不等人的！你一旦拖延、遲疑、耽擱，成功就立刻投入別人的懷抱。

請你跟我這樣做

1. 破除「拖延」之道，閉上嘴，馬上採取行動，縱然是小小的行動！
2. 不要再說：「現在好累，讓我喘一下。」、「就是什麼都不想做。」、「明天再來想好了。」的話。

第五課　放下自卑，把自卑從你的字典裡刪去

別人接不接受你，其實沒什麼重要，你卻一定要接受自己，相信自己，對自己感到滿意。自卑，是剪了雙翼的飛鳥，難上青天，是走向成功的障礙。

日前出席「創意行銷高峰論壇」活動，遇到一位姓魏的年輕人，做行銷工作，自認背景、專業知識、地位、才能、學歷、聲望處處都比不上別人，缺乏安全感，人際關係不好，收入欠佳。休息時間，他前來請教如何改善他自卑的個性，才能和人如魚得水，相處愉悅，甚至贏得客戶。聽他細數近半年的傷心事之後，我跟他說：「事實上，近日的所有事情不順遂，事出有因，原因就是你潛意識裡面，充滿著可怕的『自卑』的思維。」

魏姓行銷人員說：「謝謝博士的提點，我明白它可以毀滅我的工作，我立誓要改掉我自卑的個性」。

「你知道自己的自卑性格，而且明白它可以毀滅你，又懂得改掉自卑個性的問題，真是一件好事啊！」我激勵他說。

猖狂的人有救，自卑的人沒有救

每一個人身上都有一種見不得人的缺點，那就是「自卑」。如果你有「自卑」的性格，那就是一顆地雷，是一種毀滅自己的火藥！

自卑屬於性格上的一個缺點。自卑，就是一個人對自己的能力、品質等作出偏低的評價，總覺得自己不如人、悲觀失望、喪失信心等。有自卑個性的人，在社交中往往會出現孤立、離群的行為，當受到周圍人們的輕視、嘲笑或侮辱時，甚至以嫉妒、自欺欺人的方式表現出來。

新創事業和做行銷工作的人，如果有「自卑」的個性，肯定做不出好績效的。

要改變「自卑」的個性，首先要了解你的自卑個性的原因，才能勇敢面對這個心魔，然後將它徹底忘情和消滅它。

自卑個性到底來自何方？我認為主要來自童年，從小被寵壞、被忽視，或者身體有殘缺，長大後往往容易有自卑情結。同時，在過去生活中，碰到有錢人的歧視、高教育程度的人恥笑、好成績同學們的排斥以及大人們的歧視……，也都會慢慢讓自己變得更自卑。很重要的一點就是，有自卑情結的人，當面對的人在地位上和自己有很大的差距，遙不可及，就自慚行穢。

不要管別人是否看得起你，只要自己看得起自己就行了！

有自卑性格並不可怕

自卑在心理學上是指一種自我否定，主要是低估自己的能力，覺得自己各方面不如人，是一種性格的缺陷。主要表現在對自己的能力、素質評價過低，還會有一些特殊的情緒表現，如害羞、恐懼、內疚、失望、憂鬱等。

有自卑性格並不可怕，只要你掌握一些方法，就可以讓你的自卑性格有所改變，讓你成為一個有自信的人，以下的方法簡單易行，能有效改善你的「自卑個性」：

一、用「我非常有本事」的思維，替代「我不行」的情結

當我們接受一項任務時，只要缺乏自信，頓時就會產生自卑感覺，這種感覺就是「我不行情結」產生，然後順著感覺產生畏縮逃避行為。這時候只要加入「我非常有本事」的思維，告訴自己：「我不相信我完成不了這個任務，我非出色的完成不可！」只要有了這種決心，自卑感就會頓時消失，頓時充滿自信，充滿力量，輕鬆而順利的完成任務。

二、讓你的眼睛為你工作，就能給自己很大的安全感

眼睛是靈魂之窗，你內心的想法會不經意從眼神中洩露出來。不敢正視別人，通常意味著：

在你身邊我感到很自卑、我感到不如你、我怕你。正視別人，等於告訴對方：我很誠實，而且光明正大，我相信我告訴你的話是真的，毫不心虛。

讓你的眼睛為你工作，就是要讓你的眼神專注別人，這不但能給你信心，也能為你贏得別人的信任。

三、提升自己的專業能力就有自信心，就不會有「自卑心理」

你必須要加強你的業務素質培訓，包括產品知識、溝通技巧、挖掘客戶需求、消除客戶常見異議的技巧等等。高級的業務技巧，包括察言觀色、關鍵人分析、個人利益分析、客戶內部角色分析、競爭策略分析等等，你的銷售技巧提高了，自信心高漲，自卑心理自然會逐漸消除。

四、利用心理暗示，提升自我形象和自我價值

在你的專業上有所進步，對工作多增加些激情。不管你長相如何、學歷如何，你都要面對每一天，何不昂首挺胸，微笑面對一切，即使心情再不好時，別人問你時，你要笑著說：「我很好！」那麼，如果你堅持下來，慢慢你會發現你真得會很好，這在心理學上叫做「心理暗示」。

五、調高你的認知，把自己當成是去給客戶一個賺錢機會的「上帝」

「把客戶當成上帝」，是一種自卑心理認知，對業務人員來講，是致命的。如果你覺得客戶是上帝，自己是找上帝要訂單的「子民」，那麼見到上帝後，自然就不知所措，縱使業務可以繼續進行，最後結果不是被客戶控制整個局面，業務人員處處被挨打，不斷降價、折讓，犧牲了自己的利益，要麼就是被人趕出來，不但業務談不成，而且還損害了自己公司或企業的形象。

如果你不把客戶當成上帝，你自己才是去給客戶一個賺錢機會的上帝，那麼，你就會覺得自己是一個很有高度的人，自卑心理就會漸漸消失。

結語：磨練心態戰勝自己

做生意不可能天天一帆風順的，有人在不斷的遇到挫折後，也許會灰心喪氣，甚至產生許多消極的心理情緒，慢慢的會變得不夠自信，甚至影響到對工作的心態。其實我們完全可以用積極的自我暗示方法，戰勝自己，令你戰勝自卑，帶來希望獲得快樂，甚至走向成功。

照以上方法去做，並非長久之計，因為這麼做雖然能讓暫時遠離自卑感，可是一旦失去持續的激勵，還是會故態復萌，而一直處在自卑的心態中卻不自知。所以你應該再進一步，完全認識自己，讓自己勇敢面對自己，才能徹底改善自卑的性格。

請你跟我這樣做

1.用「我非常有本事」的思維，替代「我不行」的情結。
2.讓你的眼睛為你工作，就能給自己很大的安全感。
3.提升自己的專業能力就有自信心，就不會有「自卑心理」。
4.利用心理暗示，提升自我形象和自我價值。
5.調高你的認知，把自己當成是去給客戶一個賺錢機會的「上帝」。

第六課　做人處世可以自信，但是太過自以為是，總是會壞大事的

沒有人會和「自以為是」的人做朋友，古往今來，凡是「自以為是」者，大都最終失敗。生活中總有些人覺得自己是天地通，總覺得自己什麼都比別人強，是行走的「谷歌大神」。自以為是，渾身散發優越感，恰恰是這種人，成事不足敗事有餘。

在這個重視人際交往的年代，如果你只是待在家裡打電動、看動畫，怎麼可能讓人對你產生反感，怎麼可能就討人厭了呢？

宅男喜歡用「單一標準」去看事情

「宅男」之所以會不受歡迎，讓人討厭，主要是他們待在自己的象牙塔裡，看不到真正的世界，自以為是，渾身散發優越感，覺得全世界都圍著他轉。

懂得基本常識和有社交經歷的人都知道，很多小時候我們被灌輸的價值觀，只有一部分是正確的，這個社會是很多元的，像一種米養百樣人，人的個性百百種。

只是「宅男」喜歡用「單一標準」去看事情，並以「鍵盤正義」來企圖掃蕩這些他眼裡有違法紀的事蹟！

例如女生只要說出：「我希望我的另一半是臺、清、交的男生，其他再說。」就會開始有人義憤填膺的筆戰：「學歷不過是一張廢紙……」

女生說：「另一半有錢就好。」於是這些窮宅就開始譏諷：「我們就是輸在沒車嘛！這些女人都很拜金、看外表。」這些阿宅就開始批評外貌協會。

看內涵，這些阿宅只有二次元的知識；看個性，阿宅自稱好人，實際上是只要為女生做些對普通朋友也會做的幫忙，就開始哀哀叫，好像幫點小忙就要了他的命一樣。

在路上，要是你不小心往阿宅那邊看了一眼，其實你只是在看他前方的那隻貴賓狗，阿宅便開始沾沾自喜並上論壇PO文：「今天有美女對我拋媚眼！」

上課時剛好坐他旁邊和他聊幾句課堂作業的事，阿宅也會說：「我被女生搭訕了！」

沒有人會和「自以為是」的人做朋友

自以為是的人，常常成不了大事，還有一些人會從自以為是漸漸墮落成勢利眼。他們狗眼看人低，眼睛長在頭頂上，不懂得尊重別人，也在間接的謀殺掉自己的前程。

在知名汽車公司銷售雙B汽車的小陳，是我好朋友的獨子，他常常自我感覺良好。他特立獨行，只接「高大上」的客戶，他覺得那才顯示他的能力。別人都是客戶上門後，主動上前熱情招呼並大力行銷自己，而他卻總是先看客戶的外表，再決定要不要上前招呼，對於看不上眼的人，表情非常冷淡。

一次他見一位穿著T恤、短褲、腳穿夾腳拖鞋的中年大叔，走進展示間，碰巧當時是午休時間，展示間裡只剩他一個人。他一看進來的人土裡土氣，八成是來閒逛、吹空調、喝杯咖啡的，就沒上前搭訕。等那中年人把小陳叫過去之後，小陳才不情願的走過去。

中年人說：「給我介紹介紹這臺四五〇賓士。」

小陳心想這人看的是一般人肯定買不起的賓士車，幹嘛跟他浪費口舌，於是就謊稱他是新來的，不了解業務，等其他業務吃完飯再說吧！

那中年人信以為真，就坐在展示間一直等小陳的其他同事回來。

結果，好像老天爺要給小陳上一堂課的樣子，當天小陳的同事竟然賣了三部賓士車給那位不起眼的中年男子。原來這個人是當地知名燒烤連鎖餐廳的老闆，臨走前，還給了小陳同事一張朋友的名片，說：「我的這個股東也要買車。」

小陳聽了後悔不已，又猛捶心肝，回想一下，當初實在不應該自以為是的判斷別人的身價。後來小陳因為業績最後一名，被老闆給掃地出門，回家吃自己。

結語：「自以為是」者大都最終失敗

每個人的生活方式不同，小陳錯就錯在他沒有足夠的同理心和尊重別人，用外表給對方貼標籤的行為，真的很差、很沒水準。

「自以為是」的人往往目中無人，自視清高，總以為自己了不起，習慣從別人的外表來看別人的深淺。如此一來，肯定會促使他人敬而遠之，自己越來越孤立，一旦稍有差池，就會給別人以冷落一旁，極易遭人唾棄。

做人處世要講究技巧，一個人可以自信，但是太過自以為是，就是一件壞事了。古往今來，凡是「自以為是」者終將失敗。

二十一世紀的人也應有如此思維。

請你跟我這樣做

1. 與人相處的第一條準則：縱然你很行，別自以為是，別說教，別試著勸別人改變，而且最好連提都別提。
2. 人最敵不過的不是時間、金錢、健康，而是自以為是。讓我們接受幸福，接受他人。最重要的是，從春秋大夢中醒過來。

第七課　別讓愛「抱怨」的習慣成了幸福婚姻的殺手

「抱怨」很容易扭曲、侵蝕，甚至毀掉我們幸福快樂的婚姻關係。

因此，修正自己愛抱怨的個性，改變溝通模式，自然就能擁有更良好的婚姻關係。

任誰都不喜歡另一半經常抱怨東、抱怨西。夫妻雙方不當的言語溝通，常常成為引起抱怨的主要根源，譬如太太最不滿先生隨口應付的話語：「都好啦！」、「沒什麼！」等，先生最恨太太常以質問的口氣說：「為什麼會這樣？」總之，生活中的抱怨往往會扭曲、侵蝕，甚至毀掉我們幸福快樂的婚姻關係。

因此，修正自己愛抱怨的個性，自然就會相安無事，而得到更好的婚姻關係。婚姻不是單純兩個人相愛就能在一起的，還必須雙方和諧的相處，不批評對方，少抱怨對方。

不幸福的女人問題都是太愛抱怨

智明是個天性非常善良的男人，和嬌嬌戀愛結婚後，有抱怨傾向的嬌嬌，脾氣很火爆，抓狂時會一直唸。婚後智明一回來，嬌嬌就衝著他吐苦水，說自己平時工作多麼辛苦，一直唸說自己長期以來像菲傭一樣，什麼家事都是她在做，並一直怪智明的性技巧和能力不好，嚴重打擊智明的自尊。

嬌嬌還干涉智明打籃球的興趣，責備智明不顧她的生活狀況，根本不愛她，語氣尖酸刻薄、不可寬恕，經常當眾人面前對智明發牢騷，沒多久雙方感情降到冰點。

前陣子智明身體不適，打算去醫院做檢查，嬌嬌不但不願意陪他去，甚至在家族聚餐時，當眾抱怨智明說：「又沒有經常加班工作賺錢，身體怎麼會弄得這麼差？」讓他沒有面子，沒有臺階下，導致受不了冷言冷語、抱怨痛苦的智明，受不了像個刺蝟的嬌嬌，認為這樣的關係婚姻根本無法繼續走下去，要求和嬌嬌結束婚姻關係。

別讓「抱怨」的個性傷害自己、影響別人

婚姻中最怕碰到有抱怨個性的另一半，喜歡抱怨的人總是針對對方的某個特別行為責罵，譬如牙膏蓋沒蓋、衛生紙要用什麼牌子、馬桶蓋沒蓋好、隱形眼鏡藥水灑落洗手檯面、洗完腳沒擦乾就走出浴室等生活細節。或者整天抱怨對方這也沒做對，那也沒做好，而且都是對方的責任，

使對方強烈感到問題不是出在某件事情或日常的衝突上，而是在自己。傳達出「都是你的錯，是你的責任，是你這個人有問題」的訊息，對方必然會產生強烈的不良情緒。

如果婚姻一開始就是處在很嚴厲、苛刻的氛圍中，就會使夫妻慢慢走向分離。一般有經濟能力的女性比較容易這樣，話很強硬，帶有批判性，雖然她本無惡意，產生的效果卻非常嚴重。

有些人是以不斷挖苦、嘲笑、冷嘲熱諷，以及持續的、有敵意的「幽默」表現出來的「另類抱怨」，也非常令人受不了。

有些配偶經常這樣說對方：「你是個窮光蛋！」、「你這個上不了床的老人！」、「你就是自私自利！」、「你總是愛騙人！」、「你就是笨和懶！」、「你這個賭鬼！」……等等，也許說話的人不是刻意的，可是也很傷人。

你說的話或許部分是真的，但這樣說出來，仍然是不明智的或不正確的。這當然會直接或間接傷害你的另一半，更糟的是會導致更大的衝突，而不是和解。雖然這樣的夫婦在結婚時也許是充滿愛和激情的，不尊重將會扼殺婚姻的生命，包括曾經充滿了激情和真愛的姻緣。這種愛抱怨的個性，會讓夫婦之間越來越難以溝通，是關係走向惡化的第一步。隨著愛抱怨個性導致不良態度的升級，婚姻早晚會走向解體。

當然，角色對調，具有愛抱怨個性的老公，常常抱怨老婆，婚姻的下場也雷同。

修正自己愛抱怨的個性有方法

在婚姻關係中，「抱怨」會將我們的重心從對方原本吸引我們的優點，轉移到對方的缺點。這種轉變會讓我們落入一種陷阱：我們會覺得不滿意對方，而對方則覺得自己不夠好。

抱怨的個性不好，但要怎樣修正自己愛抱怨的個性？

我認為，遇到看不順眼的事情，管控好自己的情緒，不要罵不要責怪對方，不惡言相向，這雖然很不容易，但這是優質ＥＱ的修養，你必須要努力，同時你要控制好自己易怒的脾氣，在火山爆發前，先冷靜兩分鐘，問問自己：「是想解決問題還是只想發洩情緒？」

當然也要管好自己的嘴巴，還是要用比較正面和溫柔的溝通方式比較好。

正確的方法是：當夫妻之間出現問題的時候，冷靜控制好怒氣，並且閉上抱怨的嘴巴，理智一點就事論事，而不是抓住很久以前的事情算老帳，用什麼樣的方式表達「我的感覺」，也是很重要的。

如果把難說出來的話，心平氣和用一種平靜的語氣說出來，並盡量客觀的闡述事實，有助於夫妻進一步交流和問題的解決。總之，夫妻之間出現問題的時候，停止抱怨，應該及時解決，不要視而不見，讓它變成一顆定時炸彈！

同時你必須理解一件現實：男人不是機器人，他們需要一點時間消化整理你的話，你必須練習多忍一下，花一些時間等待他的回應。

溝通不順暢正是關係走向惡化的第一步

有一些人很愛生氣，遇到不如意的事情，全身像刺蝟一樣，充滿了怒氣，甚至認為不用「生氣」的語氣說話，就不會受到重視。有的女人認為如果不吼叫，就不像一個老婆。也有的女人用這種方式表達自己的存在，這是受一種社會文化的影響。從另一個角度理解，這種人的心靈非常脆弱，心態也不是很成熟。

雖然這樣的夫婦在結婚時，也許是充滿了滿滿的愛和相當激情的，但愛抱怨的個性，以及不斷挖苦、嘲笑、冷嘲熱諷的說話方法，將會快速扼殺婚姻的生命，包括曾經充滿海誓山盟和真愛的姻緣。這種愛抱怨、發脾氣、雞蛋裡挑骨頭的個性，使夫婦之間越來越不能溝通，是關係走向惡化的第一步。隨著不良態度的升級，婚姻也逐步走向解體。

☑ 結語：吵嘴時，切忌火上澆油，正面頂撞

「抱怨」，絕對是人的天性，嘮嘮叨叨，總是沒完沒了。可是，有智慧的另一半，你知道如

何巧妙應對對方的抱怨嗎？當對方抱怨的時候，首先，有智慧的人應該睜大慧眼，用大腦先判斷一下，對方的抱怨是否屬於一種傾訴，或者就是撒嬌。

總之，一定要先判別對方的抱怨是不是在撒嬌，然後給對方安慰或讚美，讓他得到心靈的安撫。如此一來，即便是有什麼抱怨，也會被你的一番甜言蜜語給澆熄了。如果另一半是真的有心抱怨，而且抱怨的話很難聽，那麼切記：不要從正面反擊，要懂得使用迂迴戰術。

另一半如果真受到什麼委屈，大發怒火的時候，切忌火上澆油、正面頂撞，有智慧的你，應該先隨聲附和或承認錯誤，哪怕是自己被冤枉了也不用急著辯解，等這股怒火停息的時候再說。很多人在氣頭上，什麼話都說得出口，這些尖銳逆耳的話未必是真心的。如果對方真有什麼明顯的過錯，等一切都風平浪靜的時候再說，效果會更佳。其實，對方只要稍有智慧，在發完一堆牢騷和抱怨之後，也會反省自己的行為。

可是，話又反過來，再有智慧的人在和對方耍脾氣的時候，礙於面子問題，哪怕是錯了，當時也會不好意思承認。如果另一半的抱怨真的太多，而且火氣都很大，以上招數應付不了，實在不行的話，最後的絕招就是，你就舉起雙手說：「親愛的，我投降！」

既然對方無法停止無休止的抱怨，那麼有智慧的你，就學會如何巧妙應付另一半愛抱怨的個性吧！

請你跟我這樣做

1. 女人，請遠離安於現狀、沒有上進心的男人。這種男人不願意奮鬥，不願意付出，害怕失敗，不敢前進，總是怨天尤人，只知道死守原地，自甘墮落。

2. 活著就是不停的挑戰自我和自我提升，當你在某個岔口短路的時候，不用怕，換個方式重新來過，我們可以努力工作和努力學習，勤奮思考，敬業賺錢，不把你自己的人生發揮極致光芒，你怎麼會知道這個世界就你最難過，就你最艱難？

第八課　沒有退路時，路其實就出來了，何必留太多退路給自己

人生本來是一次沒有退路的旅程，留太多退路給自己，只不過是蹉跎時光，甚至一事無成！

有退路的人是狗熊，沒有退路的自己，才是天下無敵的大英雄！

人生本來是一次沒有退路的旅程，何必留太多退路給自己。

一個人失敗率很高，大部分的原因都是在一開始就為自己留了退路，將自己處於進可攻、退可守的位置。

成功的要素有三：

1. 堅持。

2 沒退路。

3. **堅持沒退路！**

擁有為自己留退路的性格，是失敗的種子，不足取！

創業失敗率高，是因為一開始就沒下定決心

我認識一位在連鎖集團公司擔任副總經理的行政主管許小姐，之前和別人合夥創業成立企業管理顧問公司，但她準備了好幾條退路給自己，比如原來公司的職位先掛著，同時萬一失敗可以到老公的貿易公司做財務經理，以備創業失敗後自己還有份工作。當然我猜他的搭檔應該也是這麼做準備，最後他們的公司還沒捱過四個月就結束關門了！

兩個創始人都為各自留了退路，反正創業失敗，自己也不至於無家可歸，這種沒下定決心的態度，在創業這種競爭激烈的行業，怎麼可能成功？

為什麼創業這條路的失敗率高達90％？我認為很大一部分原因是創始人都在一開始就沒下定決心，為自己留了退路，將自己處於進可攻、退可守的位置，你覺得成功率有多高？很諷刺的事實提醒我們，**給自己留太多退路，前面反而無路可走，因為不夠專注**。

人生本來是一次沒有退路的旅程，留太多退路給自己，只不過是蹉跎時光甚至一事無成！因為前方所有道路，只有在你抱著一往無前的決心下，才可能慢慢呈現在你面前！

我並不一定比你有能力，但絕對比你沒有退路！

回顧過去的三十年，我做了許多「沒有退路」的選擇。

企業管理顧問工作是個跟時間賽跑的工作，「沒有退路」是我們在面對許多任務時的基本心態，當我決定離開可以平步青雲的外商工作環境，換個市場闖蕩時，許多人勸我多思考一下自己的退路。我卻在快速評估了一下最壞的結果之後，就決定任性的「先做再說」，而選擇離開安全感滿滿的大集團，從零開始，打造一個全新的品牌，更完全不用想「退路」這件事。

同樣的故事，也發生在好友陳大明的人生歷程中。地政系畢業後，即進入知名的地政聯合事務所擔任律師助理的他，因為出庭的關係，對法律實務產生興趣，並且決定成為法官。

這個勇敢無畏的決定在當時沒有得到太多祝福，沒有人看好他，一方面，頭腦清晰、口齒伶俐的他，在聯合地政事務所內部，早已被視為重點栽培的明日之星；另一方面，他過去完全沒有法學基礎，因此家人認為放棄一份自己已經做得很上手的工作，會有極大的風險。

但他做了一件令我佩服萬分的事——辭掉聯合事務所的工作，專心準備法律研究所考試。下定決心轉行的他，苦讀兩年後順利進入法律研究所就讀，三年後以全國前三名的高分通過了司法官考試，而今天的大明，已成為一位優秀的司法官。

過年期間好友餐敘時，聊到當年的這段心路歷程，陳大明總是說：「辭掉法律助理工作，除了讓我專心準備考試，更讓我感覺自己沒有退路，而那種山窮水盡的迫切感其實幫助很大！」

這類「沒有退路」的故事，充滿我自己和朋友們的人生中，回顧這些過往，大家多把某些重要的成功經驗，歸功於不給自己太多退路的習慣，或是當時整體社會「沒有退路」的氛圍。

我套句觀光系好友王曉華的話：「我剛入社會的第一份工作就是導遊，要獨立帶一群媒體朋友出國採訪，當時雖然我很菜，什麼都不懂，還是強裝是老手，非常鎮定，要求自己一定不能漏氣，一定要把工作做好。我認為只因為自己沒做過就跑去找主管求助，在當時會讓人覺得你是很無能的，因此只好硬著頭皮裝老練。」

當年的王曉華，今天已成為旅行社業界的元老級人物，而他的能耐也在一次次「硬著頭皮」的過程中，扎實累積出來。

要有下定決心，不達目的決不停止的精神

當今90％年輕人有一種似是而非的想法：進行一件重要的事業時，最好預備一些後路做備胎，免得事情不順利，難以收尾。

西元前五十四年，凱撒大帝（Julius Caesar）率領八百艘戰艦、兩萬大軍及兩千位騎兵在英國

佩韋爾灣登陸時，他卻不這麼想。他認為一個人假如知道戰爭太血腥和慘烈時，仍有一線後路可退，他大概就不會激發出他全部的潛力，所以他決意不留給自己的軍隊任何退卻之路。

為了激發自己及士兵的鬥志，贏得堅定的勝利，他決定給自己和軍隊斷了後路，於是他對士兵說：「這次的戰爭只有兩種結果，要麼戰死，要麼戰勝。」說完之後，將所有的船隻當著將士們的面全部燒掉。他知道只有在一切後退希望也沒有時，軍隊才會願意拿出搏命決死的精神，與敵人一搏生死。

有人說：「**世界上最大的敵人就是猶豫，直到現在仍然是它。**」事實正是如此，假使你遇到了空前困難，不要害怕，勇敢的面對它，好比「馬蓋先」在定時炸彈未爆時，他仍有一分鐘的時間思考及解決這個困難。

結語：沒有退路時，路其實就出來了

改變現狀是需要「決心」的，而「決心」來自於沒有「退路」！

我記得洪蘭教授的一番話，值得跟大家分享。

話說洪蘭出國時，她父親在機場跟她說了如下的話：「我們是異鄉人，在別人的社會裡討生活，碰到挫折是本分，是本分就不可以抱怨；不抱怨，就可以把指責別人的時間和精力，用來解決手邊的問題。」

又說：「人在海外，隔了個太平洋，不能靠家裡來幫忙。出外，一切要靠自己，因為遠水救不了近火，不要浪費時間去譴責他人，也不要浪費精力去自怨自艾，這些都無濟於事。」

她父親強調，凡事只有自己可以怪，因為是自己一步一步走到現在的情況。別人或許欺騙了你，但他沒有強迫你。

沒錯！人生就該選擇「沒有退路的路」！別讓自己成為人生失意組！

請你跟我這樣做

1. 我們無法事事順利，但可以樣樣盡力。無法改變的事實，要學會接受，可以改變的事情，則努力做出改變並樣樣盡力做好。
2. 要想讓自己綻放光芒，生命更璀璨，就得每次選擇不必留退路，逼自己專注一擲，逼自己要成長！逼自己更優秀！

第九課　改變很痛苦，但不改變會過得更辛苦！

為人生做出改變時，開始總是最難的，過程總是最痛的，結果卻是最好的。改變，固然困難一時；不改變，會糾結一世。我寧願選擇困難一時做出改變，也好過糾結一世。

常說個性比能力重要，擁有正確的個性，是成功的關鍵。但是人們往往忘記了這點，特別是面對兩難時。

有時候覺得自己卡在幫別人工作和自行創業的夾縫中，不上不下的，對生命不再抱有期待，早上起床甚至感到憂鬱。嘿！親愛的，那些不明所以的情緒都是一時的，你只是突然迷路、感到徬徨，藉著人生勝利組的經驗和故事，或許你可以給自己多一點嘗試和彈性，一切都會沒事的！

改變一下很簡單

改變很難嗎？你可能嘗試過許多改變的機會，好多次告訴自己要過光芒四射的人生，但是你堅持下去了嗎？

改變並不難，方法很簡單，只要從最簡單的小事下手，而且不需要是多麼了不起的改變。不管你喜不喜歡，未來的二十一天依舊會過去，那麼為什麼不考慮一些你一直想去嘗試做的事，並在未來的二十一天裡試試看呢？

替自己設下一個目標吧！

我的目標是一天寫一篇一千字的激勵性質文章，二十一天後就有了二十一篇，一年就有三百六十五篇文章，可以出版三本書了。也可以每天多健走二十分鐘的路，二十一天後健康狀況就更好了。也可以多看二十分鐘的新書，二十一天後就讀完兩本書了。

如果你真的夠渴望做一些事情，任何事情你都可以持續做二十一天。改變必須拋棄既有的、非常習慣、十分順手的做法或習性，重新接受新的做法，從頭學習與適應起。

尤其學習需要耗費精力，一開始會相當不習慣與不舒服，甚至初期的品質效率必然不佳，令人心生氣餒，甚至自我懷疑改變的必要性。因此，人在感覺層面上是排拒改變的。

改變需要智慧，更需要勇氣

依稀記得畢業後五年的新年長假，我和幾個求學期間許久未見的死黨餐敘。飯後喝咖啡，為了了解彼此的現狀和動態，就聊到各自的工作情況，自然而然也就談到人生規畫和工作發展的話題，談的最多的，就是「改變」和「跳槽」。

這幫大學同學，當時已經畢業工作五年多了，好多人都面臨著要不要跳槽的抉擇。跳槽的目的，說得現實一點，有著升職加薪的機會；另一個好處是可以接觸到新的領域，學到更多東西。而跳槽的原因，一方面，五年的工作也算積累了一些經驗；另一方面，有些人可能在工作中已經進入瓶頸期。

但是做出跳槽或者改變的決定卻如登天之難。90％的人都是喜歡處在舒適區內中，至於改變帶來的不確定性和失敗的可能，會讓他們感到特別恐懼和憂心。所以好多人寧願選擇不開心過日子，而不會選擇不確定。

沒錯，改變需要智慧，更需要勇氣。更不用說如果你還肩負著家庭和生活的重擔，比如要還房貸、車貸，以及父母的期待、周圍所有人的阻撓、朋友的勸阻……。因為，改變所帶來的是完全不確定的，而你將失去什麼，則是眼前就清晰可見的。

我的死黨小馬這半年來，天天就在猶豫不決中過日子，工作沒做好，晚上常常失眠，因為小馬成天在想，要不要放棄國營事業的鐵飯碗，去嘗試創業開餐廳。

他明白跳出國營事業，意味著跟穩定的工作和熟悉的環境說再見。開餐廳，意味著交際、管理不講理的廚師以及未知的生意好壞，但也意味著更多的可能。雖然，他也有點厭倦朝九晚五、一成不變的生活，想要嘗試有挑戰性的餐廳經營管理工作，但未來的不確定性，卻也讓他感到恐懼不安和憂心忡忡。

涉及到要不要做、要不要試試、要不要改變的問題，無論人們認為自己勇敢與否，大多數人都會選擇「不」。因為好多時候，人們只有等到無法忍受時，才會做出不同的決定迎接不可知的未來。

如果你沒有犯錯的心理準備，就永遠無法發揮你的光芒

常說個性比能力重要，擁有正確的個性，是成功的關鍵。但是人們往往忘記了這一點，特別是面對兩難時。

如果你對做出改變感到不安，或者因為對未來不確定性的恐懼，而不斷推遲改變的日期，我認為消除恐懼的最好辦法就是去定義它。當你把選擇之後的利弊和結果量化算計之後，你會發現改變或許並沒有想像那麼難。

我認為你可以嘗試著先問自己以下幾個問題：

一、**這些改變可能帶來最壞的後果是什麼？**

當你需要做出的重大改變時，那些浮現在你腦海裡的疑慮、恐懼是什麼？這些改變會帶來哪些後果？最差的後果發生的比率有多大？

如果最壞的結果你都能接受，那還有什麼好害怕的呢？我勸你勇敢的去嘗試吧！

二、**這些改變造成的結果還可以回得去嗎？**

這些後果真的是終身的嗎？如果你發現不對，還可以讓事情恢復到以前的狀態嗎？或者，如何彌補損失，才能讓一切重新回到你的掌控之中？透過這幾個問題的評估，你會發現，改變或許比你想像的要容易許多。

三、**這些改變能帶來的最大好處是什麼？**

這些改變能帶給你更好的生活和未來嗎？這些改變能讓你更加開心和快樂嗎？這些改變能帶來的積極結果會是什麼？帶來好的結果的可能性到底有多大？

評估之後，你發現改變能帶來的好處明顯大於風險，那當然就值得你去嘗試，不是嗎？

四、你因為害怕而不斷拖延的問題是什麼？

一次跳槽、一次談話，無論是什麼事，往往是因為擔心未知的結果，我們才不敢去做。如果不去改變，不去追尋讓自己熱情四射的東西，而只是懵懵懂懂過日子，得過且過，未來的你會不會感到遺憾和後悔？

好多時候，我們最害怕做的事，往往是我們最應該做的事。只有勇敢面對恐懼，我們才能更加成長和強大。透過定義恐懼，可以讓我們停止迷茫的不安和模糊的焦慮。我相信透過上面四個問題的自省，你一定對如何選擇和改變有了更加清晰的認識。

改變或許無法帶來你想要的東西，但是猶豫和徘徊只會讓你更加焦慮和不開心。就像努力未必一定會成功，但不努力就一定不會成功。

改變是痛苦的，可是維持現狀也會很痛苦，既然如此，為什麼不去改變？畢竟，好多時候，讓我們困擾的往往不是改變本身，而是要做出改變的那個決定。

改變意味著未知，但未知也意味著希望，希望又包含著無限的可能性。如果你想要過一個綻放光芒的生活，想看看自己到底能活成什麼樣，不妨勇敢的邁出嘗試的一步。或許，那些改變並不會帶來什麼風險，只是會讓你的人生發生巨大的變化而已。

最後我要給你的建言是：改變即使失敗，也要有毅力撐過去，要有毅力撐過「爛事（CRAP）」：也就是批評（C）、拒絕（R）、爛人（A）與壓力（P）。

改變就從小小的地方開始

其實，改變不需全盤顛覆現狀，累積一點一滴小小的改變，也能日積月累有一定的好效果。從現在起，停止抱怨和憂愁，從你可以馬上做到的小事做起，逐步迎接心目中的理想生活。

一、適時的求救不丟臉，工作做不完，可能是因為太多了

不要當工作超人，攬下所有工作會讓你累積過多壓力，別人也不一定能看見你的努力。如果覺得工作過量，就適時求救吧！可以請主管重新分配任務，或是針對你的不足之處給予培訓，增加你的工作效率。

二、每天強迫自己30分鐘的散步偷閒，讓自己的頭腦清明

許多靈感和自我反思，都是在散步時才突然湧現。時間許可的話，早些出門吧！你可以把車停在離公司遠一點的地方，或是提早一個公車站下車，找機會走走路、散散步，即使只有十分鐘的時間，也能幫助頭腦清明。

三、**要懂得拒絕，不必要的事情，就別做**

千萬不要做爛好人，假如遇到別人的請託，請先想一想你是不是非幫忙不可。當同事提出下午茶、閒磕牙的邀約，但你手邊還有很多工作，就委婉拒絕吧！解釋清楚你的狀況，大部分人都能理解的。

✔ 結語：改變，困難一時；不改變，糾結一世

光芒來自於不斷的改變和創新。如果你的靈魂需要探索和成長，你能夠得到這個的唯一方法就是：強迫你自己接受不舒服，強迫你自己走出去，離開你的腦袋，綻放你的光芒。

人世間唯一不變的真理就是變。不願意作出改變去面對新的挑戰，或對於未知感到恐懼，而想要逃避，會有萬丈光芒的日子嗎？

改變，困難一時；不改變，糾結一世。我寧願選擇困難一時，也好過糾結一世。

因為，幾年後回頭再看，那些讓我們後悔的，往往不是自己曾經做錯了什麼，而是那些想做

而沒有做的事。

臺灣二〇一八年在改變中尋找新出路，我們走的每一步，都會印下深深的腳印。改變蘊涵的正能量偉大和令人崇敬，它不僅來源於全國之心的堅定，同樣也有著你我一言一行的匯聚。二〇一八年的你我，值得崇敬，二〇一八年的臺灣更值得崇敬。

請記住！為人生做出改變時，開始總是最難的，過程總是最痛的，結果卻是最好的，互勉！

請你跟我這樣做

1. 重開你的嗅覺和聽覺，感受生命的美麗。在開始工作、打開電腦，開始密集用腦、用眼工作之前，先在走路的時候，開啟你的嗅覺和聽覺，感受日常生活中經常被忽略的蟲鳴鳥叫。聞一聞陽光、雨水、草木的氣息，你會突然感覺到，世界好像變得活潑起來。

2. 定時、從容的用餐特別重要，不要和手機或電腦一起用餐。好好吃飯，別再吃飯配電腦了。和你的手機或電腦共進午餐，只會讓你心煩意亂、消化不良，從今天起就戒除這個壞習慣吧！

第十課 讓我們跟「悲觀性格」永遠說再見

如果能夠在面對逆境的時候，在衣襟上插一朵鮮花，昂首闊步的向前走，那麼他就永遠不會成為失意者。

某集團林董事長生了一對雙胞胎兒子，雙胞胎兒子長得非常相像，但是性格卻南轅北轍，老大徹頭徹尾悲觀的不得了，老二卻是無可救藥的樂觀，林董事長想對兄弟倆進行「性格改造」。

一天，林董事長叫熟悉的珠寶匠打造一支鑲滿了珍珠、瑪瑙、翡翠、鑽石的手工錶，準備在生日當天送給悲觀的大兒子。接著，林董事長又找來祕書，對他說：「二兒子生日的那天，當他一睜開眼睛，就讓他看到床腳下有一大坨馬糞，你趕緊去處理吧！」

兩個兒子生日那天，林董事長興沖沖先到了悲觀兒子的房間，竟然看到他手裡握著那支新錶，悶悶不樂的坐在床上。林董事長心裡納悶，問：「生日快樂，你喜歡我送你的禮物嗎？」

大兒子回答：「還不錯啦！可是俗不可耐，但這樣貴重，也會被人家偷走或搶走，又很怕它會不見了。就算沒有不見，也難免會摔碎，就算是……」

林董事長聽不下去了，立刻轉身到樂觀兒子的房間，原來以為這個兒子會氣到發瘋，沒想到他一進門，這個兒子就手舞足蹈高興萬分，立刻抱住林董事長說：「爸爸，您送我的正是我想要的東西，謝謝您送給我一匹馬，真是太酷了！」

所以，樂觀與悲觀只是一線之隔，樂觀性格的人看到的油炸甜甜圈，在悲觀性格的人眼中看到的是一個窟窿。所以，樂觀性格的人內心充滿著無限希望及滿心的期待，在危難中看到的多半是機會；而悲觀性格的人內心裝滿著怯懦與絕望，往往在機會中只看到危難。

親愛的朋友，或許在我們就像這兩個兒子當中的一個！在遇到事情和狀況時，我們從什麼角度去看待呢？我們有沒有看到事情背後的希望，還是只會批評、責怪和往壞的方面思考，一個勁的只看事情負面呢！

比起生命的死亡，靈魂的死去更為可怕

我非常欣賞一位臺灣演員李沁凝，她曾在八點檔《世間情》、《甘味人生》以及《一代新兵八極少年》等多部戲劇演出，也曾主持過許多旅遊節目。正當演藝事業準備大放異彩的時候，卻意外得知自己罹患了卵巢癌。不過她不悲觀，沒有埋怨，她並未悲觀看待身體的改變，她將它視為一種「警醒」，提醒自己「重新審視生活，然後有所改變」；不但將頭髮剃光，也積極配合化

療，努力對抗病魔，以堅強的心面對身體及生活的改變，也常PO出自己開心微笑的照片！

「樂觀」的她勇敢的跟大家說；「比起生命的死亡，靈魂的死去更為可怕！」下定決心要和病魔和平共處，並為自己的快樂而努力。也讓我們除了心疼外，更佩服她不悲觀的精神，努力對抗病魔，我不斷在她的臉書上留言，為她加油打氣以及深深的祝福，她現在活得相當自在，且過生日慶生。

悲觀以對，還是可以很樂觀迎接現實

我們很慶幸身體沒有任何病痛，只是面對當前壞到極點的景氣，實在令人寒透心扉，這時候如何是好？這時我們可以有兩種截然不同的詮釋方式，我會選擇樂觀以對，你呢？

你可以悲觀以對，一直埋怨景氣，埋怨政府；你也可以樂觀迎接現實，利用別人不努力的空隙，趁機努力創造人氣，捉住新機會。悲觀的人，被動等待機會；樂觀的人，自然主動創造機會。當前景氣不是很好，所以請務必小心你詮釋景氣的方式，詮釋方式不同，將決定你的行為和未來的前途。

我記得暢銷書《ＥＱ》的作者丹尼爾・高曼曾這樣說：「越艱難的工作，就越需要對事物樂觀思考，樂觀是一種最有效的工作策略。」

一般來說，悲觀的人，先被自己打敗，然後才被生活打敗；樂觀的人，先戰勝自己，然後戰勝生活！

你希望在不景氣中殺出一條生路嗎？如果你的答案是肯定的話，我建議你，從現在開始就甩掉悲觀的習性，矢志養成「凡事樂觀」的思考者和性格。你將會對自己的內在潛能有另一番展望和期待，並會經常換個角度探討難纏的問題：「我在這中間看到和學到什麼？」

鬥志高昂百折不撓並預見成功

想想看，悲觀看世界的人怎麼可能會鬥志高昂、百折不撓，贏得好成績，最後成為一位出類拔萃的傑出人物呢？

其實，「樂觀」和「悲觀」都是一種心靈的力量，每個人都可以自由選擇，讓自己成為一個樂觀或是悲觀的人。

總之，絕對不要輕易選擇做一個悲觀面世、失去磁性的人，一定要做一個凡事樂觀、充滿憧憬和希望、有磁性的人。唯有如此，才能為你的工作和事業吸引到更多的活力、快樂、業績和數不清的滿心歡喜。

請銘記在心：這個世界屬於凡事樂觀的人。從現在開始，不要再「悲觀」，一直讓自己沉溺在負面的思維和事物中了。以下的魔法讓你跟「悲觀性格」說再見，可以幫你再放光芒，創造出更棒的命運和豐盛的人生。

如果你的工具齊全，所有資源在握，那麼如何運用，就全看你怎樣抉擇和詮釋這個充滿競爭的無情悲慘世界了。凡事多朝好的方向去想，多培養美好的期待，同時，對一切多強調其光明和美好的一面。

以下魔法真的很神奇，它們能幫助你遠離悲觀，養成「凡事樂觀」的思考者和性格。你不必同時採用，只要從中挑選幾項你覺得適合的即可。

1.每天找機會笑一笑。有困難時轉變自己難過哀傷的表情，大笑幾聲，因為哭多了無用，大笑是一直永往直前的精神！改掉對自己埋怨的壞習慣，改掉消極悲觀的性格，當鬱悶悲傷孤獨襲來，捏一下自己的大腿，那痠痛的快感提醒自己，自己要做的就是靜下來，開心樂觀的去奮鬥，為自己也為身邊的人，相信我們會開心充實度過每一天，因為這樣才能活得好好的！

2.不妨去孤兒院、養老院、醫院走一走。當情緒低落時，不妨去孤兒院、養老院、醫院走一走，看看世界上除了自己的失意痛苦之外，還有多少不幸。通常只要改變一下環境，就能改變自己的悲觀情緒，變得樂觀起來。

3.改掉有悲觀味道的習慣用語。管緊你的嘴巴，不要說：「真倒楣，又被拒絕了！」，而要說：「好運馬上就要到了！」；不要說：「他們怎麼能說價格太貴，沒誠意！」，而要說：「我知道該怎麼辦！」

4.趕緊和悲觀的人說再見。最不值得交往的朋友，是那些悲觀主義者和一些只會取笑你的人，多和樂觀的人在一起，便會看到人生勝利組的成功是如此輕鬆、簡單。

5.多從事有益的娛樂和教育活動。如果時間允許的話，多方面從事有益的娛樂和教育活動。

總之，你可以訓練自己更樂觀的思考，學習凡事多往好處想的習慣，如此一來，壞事也不覺得太壞了。

結語：再冷的石頭，坐上三年也會暖

我喜歡韓寒說過的一句話：「你可以對世界悲觀，但要對生活樂觀。你可以對人生悲觀，但要對生活樂觀！」你喜歡嗎？

在這夢幻人生中，走出悲觀的禁錮，不以己悲，才能自在灑脫生活，處於困境中，只有為自己尋找一種方式，走出悲觀的心牢，漫步在快樂的林蔭大道，你就會發現心情突然轉晴了，怨氣和沮喪也消失了，心中充滿了淡定寧靜，自然會給人帶來了陣陣的快意，所以，為自己的情緒和心境按個轉化器吧！讓自己在人生俯仰都無悲哀。

請你跟我這樣做

1. 享受當下的清閒，永遠是心靈養生的「不老丹」。心情不好的時候，趁機好好休養生息一下，再出發。現在市場一半的生意受到打擊，雖然進帳銳減，不過時間多了出來，除了可以享受當下的清閒，還可以慢下來看看風景，也正好把欠自己、欠家人的生活補上。

2. 鮮紅的口紅形象，是新時代的宣言，勇氣和力量的象徵。女生擦上鮮紅的口紅，用美麗笑對困境和市場寒冬，這樣可以容光煥發、樂觀自信笑對困境，和悲觀告別。

第十一課　向「上班族意識」說再見，忘掉甘於平淡，並練好競爭實力，才能自力綻放光芒

千萬不要輕易滿足現狀，要能注視著高峰大山上的浮雲，往成功的頂點邁進。現在年輕人完成學業後，換過幾個工作，卻仍然不知道自己可以做什麼，成了高學歷低成就、高失業低薪資的失落年輕世代。主因是安於現狀，害怕「變化」和「挑戰」，只向內看、向下看、向後看的結果。

前陣子演講後，一家南港園區生物科技公司李執行長向我求教：「成長在智慧手機、網路、速食、臉書和 LINE 的今天，抱持著『只要賺錢可以過日子就好』的年輕人越來越多，失去自我期許，失去工作企圖心、失去工作熱情、安於現狀，又不願向現況挑戰，讓我傷透腦筋，我要如何教育培訓他們，才能激勵他們投資自己，做個有價值的人？」

以下是我指導王執行長如何激勵年輕人做個有價值的人的內容。

一、年輕人要丟掉「上班族」意識，以「經營者」角色自居

現在80％的年輕人，渴望安定，害怕風險，只要完成上司交代的工作，就不想多做一點點，

對未來完全沒有目標和想法。如今很難再看到像是年輕郭台銘、施振榮和賴孝義等企業家，他們身上散發出主動、敬業樂群、奮鬥、勤奮、有企圖心、無怨無悔付出的人才。「安定的工作、安穩的生活」，其實它的可怕和經濟海嘯等量齊觀。年輕人可以運用以下方法向「上班族」意識說再見：

1.趕緊逃離「舒適區」，尋求發展。一個人處在「舒適區」，會感到非常舒服，覺察不到任何真正的壓力，因此，我們既沒有強烈的改變欲望，也不會主動付出太多的努力，所有的行為，無非是為了保持舒適的感覺和假像而已。這種狀態，會讓人輕易沉迷其中、難以跳出，久而久之，就會感到迷茫、無助，其行為表現為懶惰、鬆懈、倦怠和保守等等。因此，當我們精神懈怠、貪圖安逸之時，感覺自己無法更進一步時，我們就需要逃離這種狀態，改變固有的習慣、觀念、行為方式和思維方式，尋求發展，邁向成功。俗話說：「生於憂患而死於安樂。」難怪日本首富柳井正先生一再鼓勵員工，要丟掉上班族「不求上進」的意識，以「經營者」觀點來處理事情，為老闆創造高效益，才能走出不同格局的未來。

2.要有善於計算「成本」的觀念。老闆喜歡誰？會提拔誰？會給什麼人升遷？當然是會幫老闆賺錢的人；要成為會幫老闆賺錢的人，就必須具備「成本觀念」。在我們日常工作當中，必然經常會要去考慮：「這筆錢該不該花？」、「花這筆錢划不划算？」這些時候就會應用到成本觀念，當你具備「成本觀念」，就可以幫你做出正確的評估，減少判斷錯誤的機率，進而產生利潤。

3.要「以客為先」，因為顧客是我們的衣食父母。不要把顧客當成找麻煩的人，只要顧客一開口，就致力為享受我們產品和服務的顧客帶來愉快體驗，用「以客為先」的態度和行為，才能贏得顧客心，賺取業績和金錢。

二、年輕人要迅速找回失去的熱情，向前衝刺

如果有一天因為生活所逼，你必須低就自己，到大樓當守衛或者賣破銅爛鐵維生，那你會用什麼心態來面對這種簡單、一成不變甚至是看似無聊的工作呢？

GE的前CEO傑克・威爾許（Jack Welch）說過：「A級人與B級人之間，最大的差別就在熱情！」日本經營之神松下幸之助也說：「熱情大過於才幹！」我深信：「熱情」是一種愛做的衝動，不完成會不舒服的情緒，它是一種「續航力」。

以下找回自己熱情的方法。

1.激勵自己，凡事全力以赴。對於任何一個簡單、單調的事情，我們都要激勵自己全力以赴，

找出其中有意思、好玩的地方，不要把它看成一個麻煩、無趣的事情，讓自己樂在其中，從中累積自己的經驗，獲得別人得不到的收穫，而不是浪費時間、生命！

2. **將工作細分化，工作容易完成，也容易找回自己的熱情**。如果所面對的工作是有難度或者耗時的，我們可以把這個大目標細分成多個階段性的目標，以及預期得到的效果。這樣可以及時檢討，並且因為階段性的進展而得到繼續向前的信心，熱情自然不會減退。

3. **多求「變化」，多求「挑戰」，熱情就如影隨形**。停止「變化」和「挑戰」，只向內看、向下看、向後看，早晚會逼你到斷崖絕壁上。多求「變化」，多求「挑戰」，就容易對工作產生熱情，當遭遇困境或是碰到阻礙時，才越能夠從中得到轉化的力量，學會在任何時刻都能愉快面對。

三、**年輕人要練好競爭實力，才能獨立綻放光芒**。

有實力才能自保，才不會被打敗，才能攻擊致勝。在當今競爭慘烈的環境中，對沒武器又不學基本功，就算在虛擬的「魔獸世界」、「神來也麻將」手遊中是高手，但不讀邁克・波特、管理大師彼得・杜拉克的年輕人，怎能在現實世界中與人一較高下？

世界上最大的敵人，不是別人，正是自己。你做好三件事，你就會有強大的競爭力：

1.勇敢挑戰現狀，並對自己有信心。只是一心想著在穩定的企業裏工作、等著累積年資好升遷、過安定日子的人，早晚只會成為「不良庫存」而已。千萬不要只求安定，要對自己有更多的期許，試著挑戰超越，跟「一顆螺絲釘」的工作挑戰，就算失敗，也不要輕易失去自信，就算三振，也不要出局！

2.勇敢和失敗、挫折做朋友。年輕人不要太在意失敗、挫折，因為那是站起來的基石，只要設定目標，有勇氣、堅持、耐心、幽默、靈活、機智、決心、保持冷靜，屢僕屢起，就有成功的可能。

3.練就「讀心術」，就能洞察人心。各式各樣的專業能力都不能少，它們是你生存的保障，但「讀心術」是成長必備的一種特殊的能力，它比書本知識和網路知識重要！

如果你從事和銷售有關的工作，能夠透過「讀心術」快速建立密切關係，贏得對方好感，進一步能確認出對方容許自己購物的動機：歡愉、教育、情感滿足、娛樂、放鬆、美化（自己或自己的家）、替換或是更新你已經有的東西、計畫性購物、舒壓、嗜好、給自己的禮物及地位象徵，你就可以輕鬆打開顧客的荷包，幫老闆和自己賺到應得的利潤。

結語：忘掉「甘於平淡」，多求「挑戰」，光芒就如影隨形。

放膽去闖就能闖出一片天。從小老闆變身為日本首富的柳井正提醒我們，不要輕易滿足現狀，要能注視著商業大山上的浮雲，往成功的頂點邁進。越是淩雲壯志，登上頂峰時，看見的世界也越遼闊！

因此，捨棄「安定平穩」，忘掉「甘於平淡」，敢以「公司第一名」為目標，你的機會就多十倍；敢以「產業第一名」為目標，機會就多三十倍；敢以「亞洲第一名」為目標，機會就多五十倍；敢以「世界第一名」為目標，機會就多一百倍，放膽去闖，敢做第一，全力以赴，捨我其誰，你就在成功的路上！

請你跟我這樣做

1. 找一個崇拜的對象。你可以直找到方法，他們為什麼這麼厲害，去學習或模仿他們，但是記住，你不是他。但更酷的是，他也不可能是你。
2. 不要太在意失敗、挫折，完成一個小目標，馬上激勵自己。有遠大的目標當然是好，但中間的挫敗感，很容易讓我們提前放棄，很撐不到最後。所以在大目標下，還是設一些小目標吧！像是里程碑，也像是小小的期中考，一旦達成，就朝下一個目標前進。這樣，或許會更有動力。

因為善良，所以綻放光芒

在濁世惡苦的世界裡，破繭而出的40個處世智慧

作　　者／林有田
封面題字／劉滿玉
美術編輯／孤獨船長工作室
責任編輯／許典春
企畫選書人／賈俊國

總 編 輯／賈俊國
副總編輯／蘇士尹
編　　輯／高懿萩
行銷企畫／張莉滎・廖可筠・蕭羽猜

發 行 人／何飛鵬
出　　版／布克文化出版事業部
臺北市中山區民生東路二段141號8樓
電話：(02)2500-7008 傳真：(02)2502-7676
Email：sbooker.service@cite.com.tw
發　　行／英屬蓋曼群島商家庭傳媒股份有限公司城邦分公司
臺北市中山區民生東路二段141號2樓
書虫客服服務專線：（02）2500-7718；2500-7719
24小時傳真專線：（02）2500-1990；2500-1991
劃撥帳號：19863813；戶名：書虫股份有限公司
讀者服務信箱：service@readingclub.com.tw
香港發行所／城邦（香港）出版集團有限公司
香港灣仔駱克道193號東超商業中心1樓
電話：+852-2508-6231 傳真：+852-2578-9337
Email：hkcite@biznetvigator.com
馬新發行所／城邦（馬新）出版集團 Cité （M） Sdn. Bhd.
41, Jalan Radin Anum, Bandar Baru Sri Petaling,
57000 Kuala Lumpur, Malaysia
電話：+603-9057-8822 傳真：+603-9057-6622
Email：cite@cite.com.my
印　　刷／卡樂彩色製版印刷有限公司
初　　版／2018年（民107）6月
售　　價／340元
ＩＳＢＮ／978-957-9699-25-9

城邦讀書花園　布克文化
www.cite.com.tw　WWW.SBOOKER.COM.TW